고양이
예찬

ELOGE DU CHAT by Stéphanie Hochet
Copyright © Éditions Payot & Rivages, Paris, 2024

Korean copyright © 2025 by Woods of Mind's Books
Korean edition is published by arrangement
with Éditions Payot & Rivages through Orange Agency.
All rights reserved.

이 책의 한국어판 저작권은 오렌지에이전시를 통해
저작권자와 독점 계약한 도서출판 마음의숲에 있습니다.
신 저작권법에 의해 한국 내에서 보호받는 저작물이므로 무단 전재와 복제를 금합니다.

고양이 예찬

스테파니 오세 | 이소영 옮김

마음의숲

나의 뮤즈와도 같은

카롤 잘베르그의 고양이 '툴루즈'에게

"누가 고양이를 알까?

과연 당신은 그렇다고 할 수 있을까?"

라이너 마리아 릴케,

발튀스의 〈미츄, 어느 고양이 이야기〉 서문

"고양이와 시시때때로 변하는 하늘이

내 스승이었다."

파스칼 키냐르,
〈낙마한 자들〉

책머리에

'오세Hochet'라는 고양이

먼저 일러둘 사항이 있다. 내 변호인들은 오세 씨의 책 앞에 다음과 같은 경고문이 꼭 들어가야 한다고 몇 번이고 당부했다. 이에 덧붙여 본 사건은 고양이처럼 사뿐사뿐 다가가는 편이 좋겠다고 했다.

우선 이 책은 동물해부학서가 아니다. 고양이의 소화, 임신과 분만, 탄탄한 근육이나 보드라운 털, 심지어 말랑말랑한 젤리 발바닥 이야기를 하지 않고, 기생충(진드기와 기타 등등)과 질병, 관련 치료 및 약품에 대해 다루지도 않는다. 특정 사료 브랜드 광고나 급여 방식에 관한 조언도 실려 있지 않을뿐더러 이 동물을 위해 특별히 만든 제철 메뉴나 조리법도 찾아볼 수 없다.

마지막으로 이 책은 원죄 이전의 낙원과 동물, 자연을 신봉하는 근본주의 종파 교회에서 소리 높여 부를 법한 찬송가도 아니다.

따라서 행여 번지수를 잘못 알고 이 책의 어느 장에서라도 위에서 언급한 정보를 얻을 수 있으리라고 기대한 독자라면 오늘 당장 서점에 가서 책값을 돌려받기 바란다. 기한이 지나면 우리 변호인들도 불만 접수를 받지 않기 때문이다.

그리고 개인적으로 덧붙이고 싶은 말이 있는데, 유연성과 문학적 기교, 지적 유희와 방대한 지식, 그리고 무엇보다도 '샤랑'과 '익살'이라는 말만 들어도 온몸에 두드러기가 날 것 같은 사람에게는 이 책이 몹시 거북할 수 있다는 사실이다.

그도 그럴 것이 이 책에서 저자가 탐구하는 주제는 우리의 마음을 사로잡고 우리의 생각을 떠나지 않는 동물, 바로 '고양이'이기 때문이다. 이름만 들어도 누구나 아는 문학과 예술작품의 단골이자 감초, 인류의 역사에서 끔찍하게 미움을 받거나 한없이 떠받들어진 존재, 지독한 애증의 대상, 목숨이 아홉 개나 된다는 불사신, 지금 이 순간도 우리의 머릿속을 맴도는 그 동물, 고양이라는 말이다.

그런 의미에서 고양이는 어디든 탐험을 할 수 있게 해주는 신비한 프리즘이다. 고양이는 도시의 으슥한 뒷골목만큼이나 우리 영혼의 어두운 심연을 들여다보게 해주고, 지붕 위에서 내려다보는 아찔한 전경만큼이나 인간 정신의 다채로운 파노라마를 펼쳐놓는 길잡이가 될 수 있다.

저자는 일상 속 고양이에 대한 묘사도 빠뜨리지 않는다. 실제로 스테파니 오세의 문체는 고양이의 본질, 그 자신으로 살아가고 그 자신으로 충분하며 그 자신만을 위해 존재하는 고양이의 정수精髓에 닿아 있다. 어디나 마음대로 당당하게 누비고 다니는 고양이처럼 그녀의 문장은 예술사에 길이 남을 걸작들을 유유하게 넘나들고 영원히 기억될 명장면에 폴짝 뛰어들면서 원하는 곳에 원하는 방식으로 깃든다.

저자는 문학과 만화, 영화뿐 아니라 신화와 역사까

지도 두루 꿰고 있지만, 지식을 뽐내고 무게를 잡는 것과는 거리가 멀다. 그녀의 글은 스스로 자족하는 고양이처럼 더없이 평온하고 우아하다. '오셰hochet'라는 방울 달린 고양이°가 살랑대는 꼬리로 보들레르와 윈스턴 처칠, 나쓰메 소세키와 콜레트, 리처드 브룩스와 필립 글뤽을 간질이고 총총 가버린다. 여전히 어리둥절한 당신을 남겨둔 채로.

이제 와서 보니 저자의 생김새도 고양이를 닮은 것 같다. 예전엔 미처 몰랐다. 얼핏 그렇게 보인 건지, 무엇엔가 홀린 듯한 그녀의 눈빛 때문인지, 아니면 나야말로 그녀의 분위기에 홀려버린 건지는 알 수가 없지만.

더 나아가 저자의 이전 작품들에서도 고양이의 숨결과 자취가, 그 마법과 지향성이 느껴지는 듯하다. 〈레옹의 허무Le Néant de Léon〉와 〈빛의 분배La Distribution des

---

° 옮긴이 주: 저자의 성姓인 '오셰hochet'는 프랑스어로 아기들이 가지고 노는 '딸랑이'라는 뜻이다.

lumières〉가 유독 그렇다. 독자 여러분에게도 일독을 권한다.° 그리고 내 말이 맞는다고 판단되면 관련 기관이나 단체, 다시 말해 문단이나 학회에 이 같은 의견을 꼭 보내주시길 부탁드린다.

피에레트 플뢰티오[∞]

° 옮긴이 주: 스테파니 오세의 소설은 아직 국내에 번역되지 않았다. 《고양이 예찬 *Éloge du chat*》이 한국어로 번역되는 그녀의 첫 책인데, 이를 계기로 개성 넘치는 이 여성 작가의 여러 소설이 소개될 수 있기를 기대한다.

∞ 옮긴이 주: 프랑스의 소설가(1941~2019), 공쿠르 단편소설상 수상작 〈여왕의 변신 Métamorphoses de la reine〉, 페미나 상 수상작 《우리는 영원하다 *Nous sommes éternels*》를 비롯한 20여 편의 소설을 남겼다.

들어가는 글

누구나 다 아는 사실이지만 고양이는 자유로운 동물이고, 주인이 고양이를 고르기 전에 고양이가 집사를 점찍는다. 당신의 다리 사이를 맴돌며 가르랑거리는 것도 당신이 마음에 들어서라기보다는 제 몸을 문대는 느낌이 좋아서고, 저 높이서 당신을 빤히 내려다볼 뿐 아니라 위아래로 훑어보기까지 한다. 개는 당신을 우러러보지만 고양이의 시선은 무심한 정도를 넘어 초연하기까지 한데, 그러려고 옷장이나 책장 위에 일부러 올라갔고, 당연히 당신을 굽어보기 위해서다.

또 고양이는 소위 겉과 속이 다른 동물로, 심술궂다 못해 잔혹한 속셈을 감추는 특유의 습성을 묘사하는 이야기가 차고 넘친다. '잔인함'은 무시무시한 포식자에게 딱 들어맞는 단어로, 순전히 재미로 새나 생쥐를 사냥하는 모습을 보면 이 작은 고양잇과 동물이 여전히 야생성을 간직한 왕년의 맹수라는 사실을 새삼 깨닫게 된다.

한데도 우리는 이 녀석한테 사족을 못 쓴다. 네발 달린 털 뭉치를 집으로 덥석 데려오고, '울 애기'를 위해서라면 지갑은 늘 열려 있으며, 이 새침데기, 이 '까칠 대마왕'이 우리의 지극정성을 알아준다고 생각한다.

이처럼 고양이는 거부할 수 없는 매력의 소유자로, 어떻게 하면 인간의 사랑을 받을 수 있는지를 눈 감고도 훤히 안다. 라캉의 말마따나 집고양이, 그러니까 길이 든 고양이는 "사람이 없으면 못 사는 동물", 이른바 '사람앓이'를 하는 동물인 걸까? 하지만 고양이가 우리의 집이나 아파트에 자리를 잡고 이미 우리 삶의 일부가 되었을 때는 이 말이 꼭 들어맞지 않는 것 같다.

그렇다면 우리의 행동을 되돌아볼 수도 있다. 왜 우리는 도무지 종잡을 수 없는 이 동물을 위해 집사 노릇을 자청하고 시도 때도 없이 우쭈쭈 떠받드는 걸까? 우리는 밤이나 낮이나 보들보들한 털코트를 입고 있는 이 녀석한테, 장난으로든 고의로든 날카롭고 뾰족한 발톱으로 우리의 살갗을 사정없이 할퀴어서 결국은 쓰라린 상처를 입히고 마는 이 조그만 녀석한테 늘 묘하게 끌린다.

하지만 여기서 잊지 말아야 할 점이 있는데, 바로 고양이는 기나긴 세월 동안 세상의 모진 박해에 시달렸다는 사실이다. 이 날쌘 동물의 상당수가 인간을 위험에 빠뜨리거나 요사스러운 짓을 하고, 심지어 악마와 한패라는 누명까지 쓴 채 애꿎은 희생양이 되었다. 요컨대 두려움과 신비가 공존하는 가운데, 고양이는 우리의 이해를 넘어서는 신비로운 현상이 된 것이다.

실제로 우리는 고양이에게서 인간의 특성을 적잖게 발견하는데, 우리가 지닌 이런저런 장,단점을 이 동물한테 갖다 붙인 걸 수도 있다. 수많은 문학작품에서 고양이는 때로는 거만하고 잔혹한 고관대작으로, 때로는 사랑스럽고 교태 넘치는 여인으로 묘사되었다. 또 거침없는 반역자나 간사한 권력의 대리자로 그려지기도 했다. 이 동물은 자유와 권력, 여성성과 신성에 이르기까지 다채로운 상징을 통해 우리의 영감을 불러일으켰다.

이처럼 고양이의 운명은 그야말로 극과 극을 오갔다. 신처럼 극진하게 숭배를 받다가 인간 사회에서 추방되는 수모까지 당했다. 고양이는 무엇을 하든 '끝판왕'이고, 그것도 거뜬하게 해낸다. 이는 그 누구도 이 동물에게서 앗아갈 수 없는 자질, 바로 특유의 유연성 덕분이다. 고양이가 인간 세상에서 이토록 큰 존재감을 지니게 된 이유는 이 동물이 모든 경우에 물리적인 힘이 능사가 아니라는 사실을 진작부터 알았기 때문이다. 상대를 지배하고자 할 때조차 그렇다. 어떤 상황에 처하든 고양이는 융통성을 발휘하고, 그때그때 알맞은 대책을 찾는다.

고양이와 셰익스피어 사이에 공통점이 있다면, 이 주제에 대해 하고많은 이가 하고많은 글을 써서 더 말할 거리도 없다는 것이다. 심지어 셰익스피어는 실재 인물이 아니었다는 주장까지 나왔으니 무슨 말을 더 보태겠는가! 이는 고양이도 마찬가지다. 따라서 이제 우리가 할 일은 역逆으로 이 동물의 실재성을 증명하는 것이다. 허다한 예술가가 고양이를 뮤즈로 삼은 까닭은 영국의 대

문호와 마찬가지로 알다가도 모를 이 동물이 우리 인간을 있는 그대로 비춰주는 거울이기 때문이다.

그렇기에 '고양이'라는 이름의 이 거울에 다가가 우리 자신의 모습이나 내면의 또 다른 부분, 다시 말해 그림자처럼 우리를 따라다니는 저 무의식이라는 것이 어떻게 비치는지 살펴볼 필요가 있다. 그도 그럴 것이 이 동물만큼 그림자를 빼닮은 존재가 또 어디 있단 말인가!

목차

책머리에 '오세Hochet'라는 고양이 ○ ○ ○ ○ ○ ○ **11**

들어가는 글 ○ ○ ○ ○ ○ ○ ○ ○ ○ ○ ○ ○ ○ **17**

자유주의자 ○ ○ ○ ○ ○ ○ ○ ○ ○ ○ ○ ○ ○ **24**

전제군주 ○ ○ ○ ○ ○ ○ ○ ○ ○ ○ ○ ○ ○ ○ **42**

여자 ○ ○ ○ ○ ○ ○ ○ ○ ○ ○ ○ ○ ○ ○ ○ **68**

뚱보 ○ ○ ○ ○ ○ ○ ○ ○ ○ ○ ○ ○ ○ ○ ○ **110**

신 ○ ○ ○ ○ ○ ○ ○ ○ ○ ○ ○ ○ ○ ○ ○ ○ **134**

맺는 글 ○ ○ ○ ○ ○ ○ ○ ○ ○ ○ ○ ○ ○ ○ **165**

이 책에 영감을 준 작품들 ○ ○ ○ ○ ○ ○ ○ **170**

자유주의자

"타고나기를 자유롭고 독립심이 강한

우리 종족으로 말하자면…"

E. T. A. 호프만,

〈수고양이 무어의 인생관〉

문을 닫아놓으면 안 된다. 고양잇과 동물은 통행을 막는 걸 못 참는다. 고양이 주인들이 하나같이 하는 소리다. 아니, 그런데 '주인'이라는 말이 가당키나 한가? 이 같은 질문을 하지 않을 수 없는데, 고양이라는 녀석은 그 누구의 말도 들어 먹지 않기 때문이다. 날카롭고 뾰족한 발톱이 달린 이 동물은 한편으로는 인간의 곁에 붙어 있고 싶어 하면서도, 또 한편으로는 "하느님도 없고 주인님도 없는" 아나키스트, 곧 무정부주의자다.

닫힌 문은 함정이자 야생의 삶에 찍는 마침표이고, 이들의 본능을 거스르는 '감금'을 뜻한다. 당신은 모를 수가 없다. 이 녀석은 밖으로 나가겠다고 야옹대고, 내보내 주기가 무섭게 다시 들어오겠다고 야옹댄다. 이렇게 시도 때도 없이 야옹거리고, 특히 현관문 밖에, 주택이라면 마당이나 정원에 있는 걸 질색하며, 언제나 문이 살짝 열려 있기를 바랄뿐더러 늘 그렇게 해놓으라고 당당하게 요구하기까지 한다. 그러니 군말 말고 이들의 요청을 들어주시길.

여기서 고양이가 보여주는 것은 자신의 본질적 속성, 전적으로 야생에 속하지도 않고 전적으로 길이 들지도 않은 본성이다. 이 동물은 법률과 관습의 규제를 받는 인간 공동체에 속하면서도 마음 가는 대로 무엇이든 자유롭게 만들고 창조하기를 꿈꾸는 예술가 같은 존재다.

한데 이 같은 특수성은 '길들이기'라는 단어와는 어딘가 맞지 않는 구석이 있다. 따라서 살짝 다르게 표현할 수도 있는데, 고양이는 무늬만 길이 든 동물이라고 하는 건 어떨까? 말이 나온 김에 이 단어의 어원을 살펴보는 게 좋겠다.

집이나 아파트는 사방이 막힌 공간을 만들어 인간을 보호하는 역할을 한다. 고대 로마의 '도무스domus'는 야만에서 벗어나고자 한 인간의 필요에 부합하는 주거 형태다. 인간은 위험에서 멀찌감치 떨어지기 위해 무리지어 생활했고, 농사를 짓기 시작하면서 울타리 안에 가축을 들였다.

이러한 자취는 아직도 남아 있는데, 불과 몇십 년

전까지만 해도 알프스나 피레네 산간에서는 주민들이 암소나 암양들과 한 지붕 아래 거주했기 때문이다. 젖과 고기와 털을 제공하는 가축은 인간의 주기에 맞춰 살았고, 사람과 동물이 더불어 지내는 공간을 무상으로 따뜻하게 해주었다. 가축을 지키고 몰기 위해서는 개의 도움을 받았다.

안과 밖의 구분은 뚜렷했다. 한쪽에는 맹수들이 들끓는 야생의 바깥 세계가, 다른 쪽에는 인간이 돌보고 기르는 목축동물과 함께하는 집안 생활이 존재했다. 개와 말이 가축을 지키고 사람의 이동을 도왔다면, 목축동물은 양식과 온기를 제공했다. 이처럼 적어도 서양에서는 울타리 안 세상과 울타리 밖 세상이 분명하게 나뉜 시기가 있었다. 어쨌든 상징적으로는 그랬다. 야생동물은 가축의 반대말로, 개념은 단순했다.

여기서 우리의 관심을 끄는 동물, 즉 고양이는 사실 이 같은 '아르카디아Arcadia'°, 곧 목가적 배경의 탈주자다. 본래 아프리카 기원의 고양이가 서구에 등장한 것은 고대 중엽으로, 다시 말해 그리스에 이어 로마제국에 이르는 시기였다. 하지만 아프리카 대륙, 특히 이집트에서는 기원전 7500년경에 이미 이 동물을 길들였다. 파라오의 나라에서 고양이는 설치류 무리로부터 수확물을 보호하기 위해 활용되었고, 온 민족이 이 동물을 신성한 존재로 여겼다. 고양이를 죽인 사람은 사형에 처했다.

한편 그리스인들은 고양이가 사냥에 천부적 재능이 있다는 것을 발견했고, 이전까지 그 같은 목적으로 곡식 창고에서 키우던 족제비나 흰담비보다 이 동물이 더 깔끔하다는 사실을 알게 되었다. 이들은 이러한 용도로 고양이를 받아들였지만, 이집트사람들처럼 이 동물을 받들어 모시지는 않았다. 여하튼 훗날 로마인들이 '펠레스 실베스트리스 카투스Feles silvestris catus'[∞]라고 부르게

○   옮긴이 주: 흔히 '아카디아'라고도 하지만, 정확한 발음은 '아르카디아'에 가깝다. 그리스 남부 펠로폰네소스 반도 중앙에 위치한 지역으로, 목가적인 풍경과 고립성으로 인해 그리스 로마 시대 전원시와 르네상스 문학에서 낙원처럼 묘사된 곳이다.

될 고양이는 흰담비나 족제비보다 더 효율적이고 더 청결하며 무엇보다도 더 영리한 동물이었다.

그리하여 이름도 거창한 이 펠레스 실베스트리스 카투스는(숨 한 번 쉬고!) 몇 세기 만에 기적을 이루어냈는데, 바로 사람들의 인식을 바꾼 것이다. 다들 알다시피 이는 어려운 정도를 넘어 불가능에 가깝거나 시간이 거의 무한대로 걸리는 일이다. 이렇게 해서 서양에서 수백 년 동안 쥐 꽁무니나 쫓아다니며 천덕꾸러기 신세를 면치 못하던 이 동물은 야생성을 어느 정도 간직하면서도 기쁠 때나 슬플 때나 인간과 늘 함께하는 반려동물의 지위에 오르게 되었다.

이런 사례는 고양이가 유일무이하다. 인간의 관심을 항상 필요로 하는 개와는 달리 고양이는 타고난 야성

∞ 초기 라틴어 어원인 '펠레스feles' 또는 '펠리스felis'로 시작하는 학명으로, 두 번째 단어 '카투스catus'는 이후 4세기에 이르러서야 라틴어에 등장했다. '펠레스 실베스트리스 카투스'는 집고양이를 가리킨다.

을 잃지 않았기 때문이다. 그런 탓에 못 말리는 사고뭉치이기도 하지만 말이다. 요컨대 고양이는 우리에 가둬놓으면 으르렁대는 호랑이와 표범의 사촌이다.

몸집이 큰 맹수의 행복은 영역 확장과 떼려야 뗄 수 없는 만큼, 이들에게는 철창에 갇히는 것은 그 자체로 모욕이자 공격이다. 이들이 갈망하는 것은 자유, 오직 자유이기에 어딘가 가둬놓고 못 나가게 하면 미쳐버릴 수밖에 없다. 최상위 포식자의 본능으로 인해 이들은 인간이 만들어 놓은 공간을 받아들이지 않고, 그 안에서 적응할 수도 없다.

이는 방에 갇힌 고양이도 다르지 않다. 짜증이 치민 나머지 사방이 막힌 공간을 뱅뱅 돌고, 문고리까지 몇 번이고 폴짝폴짝 뛰어서 어떻게든 문을 열어보려고 안간힘을 쓴다.

그런 의미에서 호랑이나 사자, 표범 같은 대형 고양잇과 동물의 후손인 고양이는 말 그대로 기적을 만들어 냈는데, 인간과 한 지붕 아래 살도록 길이 들었음에도 여전히 야생의 습성을 간직하고 있기 때문이다. 다시 말해 이율배반적인 두 상태를 양립시키는 데 성공했다는 뜻이다.

고양이는 가정의 아늑함과 인간의 애정을 갈구하면서도 마음대로 돌아다니고 싶어 하고, 어딘가에 갇히는 걸 못 견디며, 제 기분이 내킬 때만 쓰다듬기를 허용한다. 잠잘 곳과 먹이, 인간의 관심을 원하지만, 제 사촌인 야수들, 그러니까 인간의 힘으로는 제어할 수 없는 맹수의 본성을 잃지 않는다는 전제에서 그렇다.

이를 단적으로 보여주는 예가 있다. 영국의 시인 T. S. 엘리엇이 쓴《주머니쥐 할아버지가 들려주는 지혜로운 고양이 이야기 *Old Possum's Book of Practical Cats*》(1939)°는 개성 넘치는 여러 고양이의 다양한 사연을 모아놓은 연작 시집으로, 이 책에 수록된 여러 편의 시에 앤드류 로이드 웨버가 곡을 붙여 만든 뮤지컬이 바로 저 유명한

°   본문에서 인용된 작품의 목록은 이 책의 말미에 수록되었다.

⟨캣츠Cats⟩다. 몇몇 넘버가 잘 알려져 있지만, 그중에서도 '럼 텀 터거Rum Tum Tugger'의 노래를 들어보도록 하자.

> 들여놓으면 나간다고 하고
> 언제나 문 반대편에 가 있고
> 집안에서도 늘 바깥 생각뿐

언제나 문 반대편에 가 있는 고양이. 그러니 하던 일을 접어놓고 당장 가서 문을 열어 주고, 또 열어 달라면 또 달려가서 전하께서 행차하시는 데 지장이 없도록 해야 한다. 이 동물은 몸뚱이만 유연한 게 아니라 생각도 손바닥 뒤집듯 쉽게 바꾸기 때문이다.

그리하여 이론적으로는 불가능한 일을 우리는 가능한 것으로 만들었다. 귀하신 펠레스 실베스트리스 카투스님의 기분을 맞추려고 현대인은 단단한 벽을 뚫고 멀쩡한 문에 구멍을 내는 데 그치지 않고 아예 방묘문放猫門이라는 전용 출입구까지 만들어 우리의 상전께서 자유자재로 들락날락하실 수 있게 했다. 그뤼에르 치즈처럼 구멍이 뻥뻥 뚫린 벽은 우리가 아는 벽의 개념을 재정의한다.

이처럼 인간 세계를 제 뜻대로 리모델링한 동물이 어디 있는가? 고작 시궁쥐 뒤꽁무니나 쫓아다니던 하찮은 잡부 처지에서 아파트 인테리어 시공까지 좌지우지하는 집주인의 자리까지 실로 아찔한 신분 상승을 이루어낸 동물이 또 어디 있단 말인가?

자유의 극치는 어디를 가든 제집처럼 편안한 것이다. 이것이 바로 고양잇과 동물이 구현하는 이상理想이다. 기 드 모파상은 〈고양이에 관하여Sur les Chats〉에서 이를 절묘하게 표현한다. "고양이는 제멋대로 돌아다니고, 마음 내키는 대로 영역을 둘러보며, 어느 침대나 올라가서 벌렁 누울뿐더러 무엇이든 빠짐없이 보고 듣고, 집안의 비밀과 습관, 심지어 숨기고 싶은 일까지 속속들이 알고 있다. 어디든 제 안방 같고 어디나 들어갈 수 있는 고양이는 소리 없이 스쳐 가는 동물로, 고요한 부랑자이자 좁은 벽 사이를 쓱 빠져나가는 한밤의 산책자다."

담장을 뚫고 지나간 고양이는 그림자가 된다. 유연하고 조용한 이 동물은 못 가는 데가 없고, 그 무엇도 고양이의 가는 길을 막지 않는다. 고양이는 '금지'라는 말을 모르고(무슨 복을 타고났길래!) 처마 밑 빗물받이통을 아슬아슬하게 타고 오르면서 우주를 지배하는 중력의 법칙에 맞선다.

자유에 대한 이 같은 열망 뒤에는 무정부주의에 가까운 담론이 숨어 있는 걸까? 일본의 대작가 나쓰메 소세키의 생각은 적어도 그런 것 같다. 근대 문학의 걸작으로 손꼽히는 〈나는 고양이로소이다吾輩は猫である〉에서 소세키는 마치 접신接神이라도 한 듯 펠레스 실베스트리스 카투스의 조그만 머리통에 들어간다.

소설의 화자인 고양이 철학자의 입을 빌려 작가는 다음과 같은 견해를 피력한다. "인간이 하늘과 땅의 창조에 대체 뭘 이바지했단 말인가? 털끝만치도 없다. 따라서 자기네들이 하지 않은 무엇인가를 제 것이라고 여기는 건 얼토당토않은 짓이다. 한데도 소유권을 주장하신다? 그런다고 다른 존재가 자유로이 드나드는 걸 막을 권리가 생기는 건 아니다."

그리고 이 같은 선언이 이어진다. "이러한 관찰을 통해 나는 몇 가지 결론에 이르게 되었는데, 이 몸이 원하는 대로 어디든 거침없이 다니시겠다는 말이다." 암요, 암요, 마땅히 그러셔야죠.

한데 그냥 웃고 넘기게 되지 않는다. 일견 뻔뻔하기 짝이 없는 고양이의 논리에 내심 수긍이 가는데, 우리 역시 이 동물이 원하는 것, 다시 말해 너무나 소중한 자유, 인류가 목숨 바쳐 얻어내고 지켜온 바로 그 자유를 지향하기 때문이다. 어떤 상황에 처하든 우리가 반사적으로 하는 행동은 자유, 그 무엇보다 자유를 열망하는 것이다.

그런 의미에서 우리는 고양이를 대상으로 정신분석학에서 '투사投射'라고 일컫는 행위를 한다고도 볼 수 있다. 우리가 고양이에게 그 자신이 그리도 열망하는 자유를 주는 까닭은 우리 스스로가 그것을 누리고 싶어서다.

이러한 상징을 탁월하게 표현한 소설이 있는데, 바로 콜레트의 〈암고양이La Chatte〉다. 주인공은 알랭이라는 젊은 남자로, 새끼 때 데려와 키운 사아라는 고양이가 있다. 그는 어릴 적부터 알고 지낸 카미유라는 아가씨와 결혼을 앞두고 있다. 두 사람은 고층 아파트에서 신혼 생활을 시작하지만, 사아는 알랭의 어머니 집에 그대로 맡겨둔다. 그동안 고양이는 생기를 잃고 점점 여위어간다.

결국 알랭은 사아를 부부의 아파트로 데려오고, 이렇게 해서 커플과 고양이의 동거가 시작된다. 애초에 사아를 썩 달가워하지 않았던 카미유는 남편과 고양이 사이에 존재하는 끈끈한 애정과 유대를 보면서 질투에 사로잡힌다. 멜로 드라마에서 빠질 수 없는 요소인 삼각관계는 이 작품에서 새로운 양상을 띠는데, 고양이의 속성을 제 손바닥처럼 훤히 아는 작가가 이 동물을 주인공의 애인 역할로 설정했기 때문이다. 알랭이 아내보다 고양이를 더 사랑한다는 점에서 그와 사아의 다정한 관계는 일종의 '감정 전이'다.

분노가 극에 치달은 카미유는 사아를 해치기에 이른다. 이를 알게 된 알랭은 뒤도 안 돌아보고 아내를 떠난다. 그는 결혼 전에 살던 집으로 사아를 데려간다. 그러고는 자신의 어린 시절 추억으로 가득한 정원에 고양이를 풀어준다. 이 장면은 다음과 같이 묘사된다.

"바구니 뚜껑을 열자 사아가 살며시 고개를 내밀었다. 한 발짝 한 발짝 조심스럽게 내딛는 고양이를 보고서야 알랭은 안쓰러운 눈길을 거둘 수 있었다. 그렇게 밤과 자유, 보드랍고 폭신폭신한 땅, 야간의 파수꾼과도 같은 풀벌레들과 잠든 새들을 고양이에게 되찾아주고 그 품 안에 되돌려주었다." 이처럼 고양이의 영역은 땅에서 하늘까지 이른다.

자유를 향한 열망만큼이나 드높은 이상을 꿈꾸는 작가들의 마음을 설레게 하는 게 또 어디 있을까? "고양이처럼 자유롭게, 돌처럼 말없이. 바위에 폴짝 뛰어올라 동그랗게 몸을 말고 웅크린 고양이처럼, 주위를 창백한 금빛으로 물들이며 너른 돌 위로 쏟아지는 따사로운 햇

볕을 쬐는 고양이처럼." 파스칼 키냐르의 〈낙마한 자들 Les Désarçonnés〉에 나오는 구절이다.

얼마나 숱한 문인들이 고양이에게서 자유를 향한 열망을 발견하고, 이 작은 동물과 자신을 하나로 여겼던가? 작가와 고양이의 동일시는 문학의 단골 주제이고, 예술가에게 자유는 값을 매길 수 없을 만큼 귀한 것이다.

그 예는 차고 넘치지만 여기서는 하나만 들어보겠다. 〈평범하면 됐지 뭘 행복하려고까지 해 Why be happy when you could be normal〉에서 영국의 소설가 재닛 윈터슨은 이렇게 고백한다. "나는 절반은 안에 있고 절반은 밖에 있는 고양이의 방식이, 야생적인 동시에 길이 든 그 특유의 방식이 너무나 좋은데, 나 역시 야생적이면서도 길이 든 존재이기 때문이다. 아니, 그보다는 문이 열려 있다는 한에서 길이 든 존재라고 하는 편이 맞겠다"라고.

자유롭기를 꿈꾸지만 방법을 모르는 예술가가 있다면 고양이를 본보기로 삼아도 되지 않을까?

전제군주

"제 왕국에 있는 것은 무엇이나

판단하고 주재하며 인도하네."

샤를 보들레르,
〈고양이〉, 《악의 꽃》

고양이의 성향은 무정부주의자를 닮은 듯하지만 그렇다고 해서 권력을 휘두르거나 고관대작 노릇을 하는 데 걸림돌이 되지는 않는다. 단도직입적으로 말하겠다. 고양이는 역설을 두려워하지 않는다. 아니, 고양이라는 존재가 역설 그 자체로, 그 몸뚱이만 봐도 알 수 있다. 조그맣고 호리호리한 고양이는 겉보기엔 가녀린 듯해도 제법 탄탄하고 날렵한 데다 쥐나 새 같은 동물한테는 세상 무서운 천적이다. 더 나아가 우리의 펠레스 실베스트리스 카투스는 작은 몸집에도 불구하고 지상에 존재하는 그 어떤 포식자의 먹잇감도 아니라는 사실을 다시 한번 짚어 둘 필요가 있다. 따라서 고양이는 호랑이다. 사이즈만 다를 뿐.

그렇다면 대체 무슨 이유로 고양이는 이렇게 겉 다르고 속 다른 동물로 보이는 걸까? 무슨 생각을 하는지 도지히 알 수가 없는 신비로운 눈빛 탓일까? 아니면 스핑크스처럼 앞발을 꼿꼿이 세우고 앉은 우아하고 도도한 자세 때문일까? 그것도 아니면 늘 윤기가 자르르 흐르는 털 때문일까?

흔히 고양이는 대귀족의 모습으로 묘사된다. 하지만 이렇게 높으신 분들은 저밖에 모르고 괴팍하기 십상이다. 16세기 프랑스문학을 대표하는 라블레는 법관들을 조롱하면서 "모피 코트를 입은 고양이"에 빗대었다. 이는 당시 재판관들이 입던 흰담비 모피로 장식한 법복法服을 가리키는 표현으로, 다시 말해 근사한 털가죽으로 만든 값비싼 가운을 의미한다. 이러한 표현은 고양잇과 동물의 성격을 연상시키는데, 라블레가 살던 시대에는 고양이를 음흉하고 이기적이며 잔인한 짐승이라고 여겼기 때문이다.

르네상스 문학의 걸작〈팡타그뤼엘Pantagruel〉(1532)에서 모피 코트를 입은 고양이 대공 '그리프미노Grippeminaud'는 파리 의회의 최고 의장으로 임명되어 같은 패거리들과 마찬가지로 부정부패로 호의호식하는 인물이다. '그리프미노'라는 단어는 프랑스어 사전에도 나오는 명사로, 교활하고 위선적인 사람을 뜻한다.

또 라블레는 이 고양이 대공을 '라미나그로비스 raminagrobis'라고 지칭하기도 했다. 프랑스사람이라면 이 단어를 듣고 곧바로 두툼한 살집을 떠올리는데,° 당시에는 권력깨나 휘두른다는 이들의 전유물이었다. 진수성찬을 즐기려면 재산이 넉넉해야 하는 만큼 뱃살이 출렁대고 무릎이 시큰거리는 것도 부자나 되어야 누리는 특권이었던 것이다. 여하튼 이 단어의 앞부분은 어원적으로 '가르랑거리다ronronner'를 뜻하는 중세 프랑스어 동사 '라미네raminer'에서 온 것으로, 이후 라퐁텐의 우화 〈고양이와 족제비, 작은 토끼Le Chat, la Belette et le Petit Lapin〉에도 '라미나그로비스'라는 명사가 나온다.

라블레는 법률가부터 시작해서 수도사와 수녀원장 같은 성직자들, 심지어 교황까지도 싸잡아 비난했다. 이들 역시 힘센 고양이로 그려진다. 〈팡타그뤼엘〉

° 옮긴이 주: 프랑스어로 '뚱뚱한'이라는 뜻의 형용사 '그로gros'와 '앵콜encore' '재청再請'을 의미하는 '비스bis'가 합쳐진 단어다.

의 작가는 이들을 '샤트미트chattemites'나 '샤트미테스 chattemitesse' '샤트미시옹chattemitions' 등으로 일컫는데, 프랑스사람 귀에는 죄다 깎아내리는 말로 들린다.° 속세를 등진 은자들과 신심 깊은 여자들도 이와 같은 조롱을 면치 못한다. 전자는 "겉과 속이 다르고 수종水腫 환자, 즉 물종기로 몸이 퉁퉁 부은 병자들에 묵주 팔이요, 괭이 스럽고(샤트미트) 독실한 체하는 자들"이고, 후자도 "앞뒤가 다르고 괭이스러운 여자들(샤트미테스)"에 지나지 않는다.

이 은유는 고양잇과 동물이 얼마나 영악하게 상황을 장악하고 지배하는지를 강조한다. 이들은 도덕 따위는 안중에도 없고, 위험 앞에서도 눈 하나 깜짝하지 않으며, 남의 사정을 봐주는 것과는 아예 거리가 멀다. 이렇게

° 옮긴이 주: 프랑스어로 각각 고양이, 수고양이와 암고양이를 뜻하는 '샤chat' '샤트chatte'에 엄밀히 말해 지소사指小辭(원래 뜻보다 작은 개념이나 친애를 나타내는 접사)는 아니지만 이와 유사한 비하적 뉘앙스를 띠는 어미가 붙은 단어들이다.

해서 '괭이스럽다 faire la chattemite'라는 표현은 '겉 다르고 속 다르다' '주위 사람들을 속이다'라는 의미가 되었다.

〈고양이와 족제비, 작은 토끼〉에서 라퐁텐이 말하려는 바도 다르지 않다. 거주지의 소유를 놓고 실랑이를 벌이던 토끼와 족제비는 "모든 송사訟事에 전문 심판"이라는 고양이에게 섣불리 의견을 구했다가 둘 다 잡아먹히고 만다.

한데 이 대단하신 고양이에 대한 묘사는 여러모로 리블레의 "모피 코트를 입은 고양이"를 떠올리게 한다. 라블레의 작품에서 고양이는 자신의 사회적 지위를 이용해 사리사욕을 채우고 전제군주처럼 군림하려는 성직자처럼 묘사된다(독실한 은자, 훌륭한 사도로 표현되는 덕망 높은 모습은 알다시피 다 허울에 불과하다).

라퐁텐의 우화에서도 이 동물은 푹신한 방석 위에 앉아서 무엇이든 훤히 굽어보고, 그 자신의 말이 곧 법이며("장 라팽, 곧 토끼는 고양이를 심판으로 기꺼이 받아들이니") 손가락 하나 까딱하지 않고 쥐도 새도 모르게 누구든 없애

버릴 수 있는 존재다. 순진한 족제비와 토끼는 귀가 먹어 잘 안 들린다는 고양이의 말을 곧이곧대로 믿고 그 앞에 다가갔다. 제 목숨을 갖다 바치는 건 줄도 모르고서 말이다. 이처럼 모피 코트를 입으신 나리는 그 누구의 사정도 봐주지 않고 아주 공평무사하게 똑같이 잡아먹는다.

고양이는 타고나기를 지배자의 속성을 지닌 동물이다. T. S. 엘리엇의 시집을 통째로 가져와 뮤지컬로 만든 〈캣츠〉의 서곡에서 극작가이자 연출가인 트레버 넌은 관객들에게 다음과 같은 질문을 던진다.

감히 임금님을 쳐다보다니! 왕좌에 앉겠다고?
(……)
왜냐하면
젤리클 고양이는 무엇이든 다 할 수 있으니까!
('젤리클즈Jellicles'라는 단어는 '디어 리틀 캣츠dear little cats', 즉 '친애하는 작은 고양이들'의 줄임말로, 새끼고양이들을 다정하게 부르는 말이다.)

군주처럼 위풍당당하게 구는 고양잇과 동물의 과대망상은 서양 여러 나라뿐 아니라 지구 반대편에 있는 일본의 문학에서도 종종 묘사된다. "어느 날 오후, 나는 호랑이가 된 꿈을 꾸며 여느 때처럼 베란다에서 단잠에 빠져 있었다. (……) 바로 그때 쩌렁쩌렁한 목소리가 울리면서 온 집채가 흔들렸다. 잠에서 번쩍 깬 나는 소고기구이를 입에 대보지도 못한 채 다시 고양이 몸뚱이로 돌아오고 말았다. 그러자 조금 전까지만 해도 내 앞에 납작 엎드려 빌빌 떨던 주인의 태도가 확 바뀌어버린 게 아닌가!"

우리의 카투스는 괜히 저 높은 곳에 앉아 있는 게 아니고, 어디서도 존재감이 만만찮다. 이 동물은 제 몸의 크기와 무게를 의식하지 못하는 걸까? 호랑이나 사자처럼 위엄 넘치는 모습도 다 허세일지 모른다. 무엇이든 삐딱하게 보고 매사에 트집 잡기 좋아하는 사람이라면 고양이의 왜소한 몸집을 보고 코웃음을 칠 게 뻔하다.

하지만 이 동물을 지켜보면 새삼 깨닫게 되는 사실이 있는데, 바로 고양이는 우리의 조상인 고대인들에게 무시무시한 위협 그 자체였던 맹수까지는 아니더라도 자신이 여전히 생태계 피라미드의 꼭대기에 있다고 믿는다는 것이다.

흔히 고양이의 눈빛을 도도하다고 하는 것도 이 같은 이유에서일 테다. 이와 관련하여 전해지는 윈스턴 처칠의 일화가 있다. '차트월 팜Chartwall farm'이라는 농장을 소유한 처칠은 지인들을 이곳에 데려와 자신의 각별한 돼지 사랑을 표현하곤 했다. 그뿐만이 아니다. 부인에게 편지를 쓸 때도 서명 옆에 새끼 돼지 그림을 남기는 걸 잊지 않았다.

전기 작가에 따르면 이 영국 총리는 돼지의 등뼈를 쓰다듬으며 다음과 같은 의미심장한 말을 남겼다고 한다. "개는 당신이 누구든 우러러보고, 고양이는 당신이 누구든 얕잡아본다. 당신을 같은 눈높이로 바라보는 동물은 오직 돼지뿐이다." 대단히 명석한 이 정치가는 네 발 달린 뭇짐승에 대해서도 과연 빼어난 통찰을 보여주었다.

프랑스에도 애묘가로 알려진 두 명의 정치인이 있는데, 바로 리슐리외(1585~1642)와 마자랭(1602~1661)이다. 두 인물이 생존했던 시기는 집안에서 고양이를 키우고 귀여워하던 시대가 아니었다. 프랑스 역사에 한 획을 그은 이들은 우연의 일치인지 모두 진홍빛 법의法衣를 입은 성직자로, 가공할 만한 지성을 지닌 추기경들이었다. 둘 다 라블레 이후에 태어났으니 망정이지 동시대인이었다면 비웃음거리가 되고도 남았을 것이다.

이 고위성직자들이 라블레의 작품 속에 나오는 저 "위험한 골수 신자들"과 얼마나 빼닮았는지 확인하면 당혹스러울 정도다. 라블레는 이 같은 인물들의 속성을 훤히 알고 있었고, 그런 의미에서 앞날을 내다보는 선견지명이 있었다고 할 만하다. 이처럼 신중하고 권모술수에 능했던 리슐리외와 마자랭은 어떻게 하면 군주의 오른팔이 될 수 있는지를 간파하고 있었다. 노련함으로 무장한 이들은 고양잇과 동물처럼 최고 권력을 향해 숨죽인 채 한 걸음 한 걸음 나아갔다.

절대 왕정의 강화에 한몫을 단단히 한 이들은 원래 제수이트Jesuit, 즉 예수교 수도사들이었다. 특히 마자랭에게 이 말은 교황청의 중앙집권과 성직자의 정치 개입을 지지하는 교권주의자를 뜻했는데, 실제로 이들은 권력의 쟁점을 완벽하게 파악하면서 마침내 최고의 지위에 오른 것이다. 이 또한 고양잇과 동물의 속성일까? 국왕의 총애를 되찾고 복잡한 정치적 결정을 내리기 위해 최적의 시기를 기다리던 이 교활한 성직자들은 참으로 놀라운 인내를 보여주었다. 마치 작은 동물을 추격하는 고양이처럼 말이다.

사냥감을 눈앞에 둔 고양이는 꼼짝도 하지 않고 지켜보기만 하는데, 이런 독특한 방식은 자신의 먹이가 될 설치류나 날짐승을 방심하게 만들려는 속임수다. 고양이는 가만히 앉아서 구멍에서 쏙 빠져나오는 쥐나 둥지를 떠나 포르르 날아가는 새를 관찰한다. 그러면서 이들이 몸을 숨기는 장소와 먹이를 찾아다니는 동선을 유심히 살핀다. 고양이는 이 과정에 충분한 시간을 들인다.

그러다 결정적 순간이 오면 특유의 자세로 몸을 웅크리는데, 턱을 바닥에 바짝 대고 동공을 잔뜩 팽창시킨다. 이어서 시동을 거는 것처럼 부릉부릉하다가 기습적으로 달려들어 잽싸게 낚아채는 것이다.

요리조리 빠져나가면서 언제 날카로운 발톱을 드러낼지 모르는 고양이 같은 리슐리외와 마자랭은 당대에는 사랑받지 못하는 정치가들이었다. 그렇다면 이 두 추기경은 고양이를 좋아하다 이들을 닮아버린 걸까, 아니면 본인들의 성격과 비슷해서 이 동물한테 끌린 걸까? 차라리 닭이 먼저인지, 달걀이 먼저인지를 묻는 편이 낫겠다.

고양이 하면 우선 생각나는 게 포식동물이라는 것이다. 피식자의 숨통을 끊어놓는 능력이 이 동물만의 전매특허는 아니지만 주특기 중 하나인 것만은 확실하다. 이때 고양이의 발톱은 무기 중에서도 예리하게 날을 간 한 자루의 검과 같다.

〈로미오와 줄리엣Romeo and Juliet〉에서 줄리엣의 사촌인 티볼트는 '고양이 대공Prince of Cats'이라는 별칭으로 불리는데, 눈 깜짝할 사이에 상대를 저세상으로 보내는 검술의 달인이기 때문이다. 이처럼 고양이의 일격一擊은 생사를 갈라놓는다. 몽테뉴의 말마따나 "죽이지 않고 사냥한다는 말은 즐기지 않고 사랑한다는 말이나 다름없다"는 걸 이 동물은 진작부터 알았던 것이다.

고양이 하면 또 생각나는 게 패러독스, 곧 역설이다. 제아무리 당당하게 군들 고양이의 몸집이 커지지는 않는다. 기껏해야 5, 6킬로그램밖에 안 나가는 이 동물을 보고 대체 누가 겁을 먹는단 말인가? 하지만 고양이는 작은 체구를 자신에게 유리한 쪽으로 활용할 줄 안다.

이러한 맥락에서 주제 파악이 빠르고 제 분수를 잘 아는 나쓰메 소세키의 고양이는 다음과 같이 선언한다. "힘으로만 따지자면 밤톨만 한 꼬맹이도 제 맘대로 나를 휘두르겠지만, 인간이라는 족속이 목숨 걸고 지키는 자존심이라는 관점에서 고찰하면, 가네다의 오른팔인 스즈키 도주로마저도 고양이 중의 고양이, 범접할 수 없는 위엄으로 방석 한가운데 떡 버티고 앉은 이 몸에는 감히 손도 대지 못한다"라고 말이다.

고양이의 비결은 모든 경우에 힘이 능사가 아니라는 사실을 이해했다는 데 있다. 권력을 열망할 때 보다 효과적인 무기는 융통성이다. 유연한 해결책 속에 더 큰 인내와 더 끈질긴 저항이 존재한다.

그렇다면 이쯤에서 유연성이라는 개념에 대해 되짚어보도록 하자. 이 용어는 여타의 것들과 마찬가지로 기업과 마케팅 영역에서 의미가 변질되었다. '신축성'만큼이나 제법 그럴듯하게 들리는 이 단어가 어떻게 해서 전 세계적으로 통용되는 사회적 폭력, 다시 말해 구조 조정이나 임금 삭감, 탈현지화 같은 정책을 정당화하는 데 쓰이게 된 걸까?

한데 유연성이라는 개념에 대해 숙고하다 보면 떠오르는 동물이 있다. 바로 고양이나. 이 농물은 부드럽고 나긋나긋한 유연성의 개념을 완벽하게 구현한다. 고양이의 형상을 입은 이 관념이야말로 이윤이라는 요구에 적응하기만을 강요하는 경제적 압력에 비해 훨씬 더 매혹적이지 않은가!

유연성 하면 생각나는 게 또 고무다. 무르고 쉽게 휘어지는 이 재료는 다양한 분야에 두루두루 사용된다. 고무로 만든 여러 물건 중에서도 특히 고무줄은 매우 실용적이고 장난감처럼 갖고 놀기에도 좋다. '고무줄 같다'는 말은 탄성과 적절한 저항이 있다는 소리다. 마치 체조 선수처럼 말이다.

중력의 법칙에 맞서 자유자재로 움직이며 완벽한 균형을 이루는 이들의 움직임을 보고 감탄하지 않은 사람이 어디 있는가? 두 팔로 링을 꽉 붙잡고 매달린 남자 선수들의 팽팽한 이두박근을 보면 절로 숨을 죽이게 된다. 동유럽의 앳된 소녀들이 선보이는 아찔한 공중돌기는 또 어떤가? 할 말을 잊은 채 그저 입만 떡 벌어질 뿐이다. 따라서 고양이가 사람으로 태어나면 보나 마나 체조 선수다.

이처럼 쭉쭉 늘어나는 근육에 깃털처럼 가벼운 움

직임과 한 치의 오차도 없이 정확한 반응을 보이는 고양잇과 동물이 우리에게 주는 가르침이 있다. 진정한 유연성은 삶을 여유롭게 즐기면서 순간순간 행복을 만끽하는 당당한 자질이라는 것이다.

다시 우리 카투스의 몸을 관찰해 보자. 머리부터 꼬리까지 이보다 더 탄탄하고 날렵할 수 있을까? 나무든 벽이든 쏜살같이 타고 올라가고, 잽싸게 돌진하며, 슬그머니 빠져나가는 데다 당연히 네발로 사뿐하게 착지한다. 고양이를 쓰나듬어 보면 무슨 말인지 금세 이해가 간다. 보기만 해도 감이 오지만, 만져 보면 곧바로 느껴진다.

열렬한 고양이 애호가로 알려진 보들레르는 이렇게 노래했다.

내 손가락이 느긋하게
네 머리와 고무줄 같은 네 등을 쓰다듬고
내 손이 짜릿한 네 몸뚱이를 만지작대는
즐거움에 한껏 취할 때

내 머릿속에 떠오르는 건 내 여인의 자태

〈고양이〉,《악의 꽃》

"고무줄 같은"과 "짜릿한"이야말로 유연함의 또 다른 표현이 아닐까?

동양의 무술도 고양이의 이 같은 특성과 자질에 영감을 받아 창안된 게 분명하다. 고양이는 날아오는 한 방을 피하고, 허튼 데 기운을 빼지 않으며, 지구력을 기를 뿐 아니라 힘보다는 신속함을 중시하는데, 이것이야말로 고양이가 연마하는 무도武道다. 유연성은 이 동물이 엄마 뱃속에서부터 타고난 속성으로, 애쓰지 않고 얻은 것이고 몸에 밴 자질이다.

잘만 쓰면 유연성은 든든한 방패가 된다. "이치로 따지면 내 입장이 맞지만 힘이 받쳐주지 않을 경우, 마땅한 권리를 접어두고 납작 엎드릴 수도 있고, 힘센 놈의 눈을 피해 요령껏 처신할 수도 있다. 나는 당연히 후자를 택한다. 그러면 멜대°로 두들겨 맞지 않아도 되고, 따라서 어떤 상황도 빠져나올 수 있다"라고 소세키의 고양이도 독자에게 털어놓는다.

지구력, 즉 버티는 힘과도 이어지는 이 같은 탄력성은 고양이를 위한 신의 선물일까? 여러 측면에서 고양이의 몸은 우리 인간의 눈에 기적에 가까운 것처럼 보인다. 고무줄처럼 쭉 늘어났다가 이내 원 상태로 돌아오는 것 자체가 경이다.

그렇다면 고양이란 녀석은 대체 무슨 재주로 한 뼘도 안 되는 문틈을 통과하고, 쥐구멍만 한 구멍을 쏙 빠져나가는 걸까? 옷장 꼭대기에 올라가 있거나 옷장 속에, 거기도 없으면 옷장 밑에 웅크리고 있는 카투스를 발견하는 것은 새삼스럽지도 않다. 하지만 T. S. 엘리엇의 말마따나 일부 고양이는 중력의 법칙에 도전하고, 이들

° 옮긴이 주: 물건을 양쪽 끝에 달아서 어깨에 멜 때 쓰는 막대기를 가리키는 용어다.

의 "공중 부양 능력은 오만 가지 요술을 부리는 이슬람 교의 고행자마저 혀를 내두르게 할" 정도다(《주머니쥐 할 아버지가 들려주는 지혜로운 고양이 이야기》).

잘만 쓰면 유연성은 가공할 만한 무기도 되는데, 몸과 마음을 모아 갈고 닦은 일종의 무예라는 점에서 그렇다. 샤를 페로의 〈장화 신은 고양이 Le Chat botté〉가 그 훌륭한 예시다.

이 이야기에서 명민함은 방앗간 주인이 막내아들에게 유산으로 물려준 고양이가 지닌 지능의 한 특성이다. 세 형제의 막내인 그는 여간 불만이 아니었는데, 큰형은 방앗간을, 작은형은 당나귀를 받았기 때문이다. 그래서 홧김에 고양이를 잡아먹으려 했지만(때는 대기근의 시대였다!) 말재주 하나만큼은 어디 가도 빠지지 않는 고양이가 그러지 말고 함께 큰돈을 벌어 보자고 젊은 주인을 꼬드긴다. 필요한 건 포댓자루와 장화 한 켤레뿐. 이를 이용해 고양이는 숲속에서 토끼를 잡아 왕에게 바치며 제 주인 '카라바스 후작'이 보내는 선물이라고 전한다.

이렇게 고양이는 차곡차곡 수훈을 쌓아간다.

그러던 어느 날, 왕이 공주를 데리고 강가를 산책하러 온다는 소문을 들은 고양이는 주인한테 얼른 옷을 벗고 물속에 들어가라고 한다. 이어서 주인의 옷가지를 바위 뒤에 숨기고는 강물에 사람이 빠졌으니 어서 구해달라고 소리친다. 왕이 그곳에 다다르자 고양이는 카라바스 후작이 몸을 씻는 동안 옷을 도둑맞았다고 고한다. 왕은 젊은 남자에게 값진 의복을 선사하며 호화로운 사륜마차로 와서 공주 옆자리에 앉으라고 권한다. 고양이 주인을 본 공주는 첫눈에 반한다.

이어지는 장면은 방앗간집 막내아들이 진짜 카라바스 후작이 되고 부를 이루는 과정을 보여준다. 왕의 마차가 지나가기 전에 고양이는 앞질러 가서 농부들을 붙잡고 주위에 보이는 땅이 전부 카라바스 후작의 소유지라고 말해달라고 부탁한다. 그런 뒤 어느 성에 들어가는데, 그곳에는 온갖 동물로 변신할 수 있는 괴물이 살고 있었다. 고양이는 사자로 둔갑한 괴물을 보고 기겁하지만, 이내 정신을 차리고는 생쥐로 변해보라고 부추긴다. 괴물은 냉큼 그렇게 한다. 고양이는 잽싸게 달려들어 생쥐를 꿀꺽 삼켜버린다.

성에 도착한 왕은 카라바스 후작의 어마어마한 재산에 감탄하며 방앗간집 셋째아들을 부마駙馬로 맞아들인다. 그리하여 우리의 고양이는 높은 자리에 올랐고, 이따금 '심심풀이'로 생쥐를 쫓아 다니는 것 말고는 더 이상 할일이 없었다는 걸로 이야기는 끝이 난다.

이 같은 이야기는 영어권에도 존재한다. 영문판《장화 신은 고양이 Puss in Boots》는 요술을 부리는 트릭스터 Trickster° 고양이의 무용담이다. 한편 언변에 능하고 두뇌 회전이 빠른 카라바스 후작의 고양이는 라블레나 라퐁텐 등의 작가들에 의해 묘사된 궁궐의 교활한 조신과 능구렁이 같은 정치가들을 연상시킨다.

○ 옮긴이 주: 영어로 '사기꾼' '협잡꾼'의 뜻을 지니며, 신화나 민담에서 도덕과 관습을 무시하고 사회 질서를 어지럽히는 악동 같은 인물이나 동물을 가리킨다.

이 이야기의 특징은 고양이의 신분 상승을 보여준다는 것이다. 주인공은 일개 방앗간집 고양이에서 귀하신 나리가 되었다. 고양이는 사회적 사다리의 맨 밑바닥에서 아득한 저 꼭대기까지 폴짝 뛰어오를 줄 알았다. 더없이 유연한 이 동물은 뛰어난 지략에 힘입어 영광의 절정까지 기지개 켜듯 제 몸을 쭉 뻗은 것이다.

앞에서 본 것처럼 일부 시종들은 주인의 입신출세에 한몫을 톡톡히 했는데, 그 와중에도 제 잇속을 챙기는 건 빼먹지 않았다. 하지만 엄밀히 따져보면 이 고양이는 결국 방앗간집 아들과 같은 존재이고, 둘은 궁극적으로 동일한 인물, 바로 야심만만하고 유능한 하나의 캐릭터임을 알 수 있다.

한데 작가 파트릭 랑보에 따르면 '장화 신은 고양이'라는 별명에 딱 들어맞는 역사적 인물이 있다. 명석한 두뇌의 소유자로 둘째가라면 서러울 야심가였던 그는 황제의 지위에 오르기까지 온 나라에 파란을 일으켰다. 오직 한 사람만 앉을 수 있는 바로 그 자리에 등극하기를 꿈꾼

이 비범한 인물의 이름은 전국 방방곡곡의 유적에 새겨졌고, 기병대의 나팔 소리처럼 만천하에 울려 퍼졌다.

어느 날, 무릎까지 오는 까만 부츠를 신고 역사 속에 들이닥친 이 남자, 권력을 향한 야망으로 이글이글 타오르던 일명—名 '장화 신은 고양이'를 저자는 다음과 같이 소개한다.

"여기서 나는 한 사내의 신분 상승에 대해 이야기하려고 한다. 크지 않은 키에 마른 체구, 특이한 억양, 착 달라붙는 생머리와 푸른 눈동자. 스물다섯 살의 이 청년은 안달이 나 있었다. 그는 아무것도 아니었지만 모든 것을 원했다. 실권을 잃은 약관의 장군은 1795년 봄, 마르세유에서 파리로 입성한다. 로베스피에르의 몰락 이후 프랑스는 한 치 앞도 보이지 않는 혼란에 빠져 있었다. (……) 치밀한 계략과 열띤 언쟁, 끈질긴 회유까지 수단 방법을 가리지 않은 끝에 우리의 장군은 비로소 성공 가도에 들어서게 된다. 불과 몇 달 만에 왕정주의자들의 폭동을 진압하고, 보마르셰 자작의 미망인 조제핀 드 보아르네를

배필로 맞아들였으며, 이탈리아 방면군方面軍의 지휘를 다시 맡은 것이다. 니스를 떠나 이전에 거느리던 부대와 합류하여 롬바르디아를 점령하는 과정에서 그는 자신의 이탈리아 성 '부오나파르테Buonaparte'를 프랑스식으로 바꾸어 '보나파르트Bonaparte'가 되었다."

이렇게 해서 장화 신은 고양이는 보나파르트라는 인물의 몸을 입고 다시 태어났다. 확실한 것은 이 고양이 스스로가 한 나라의 정상에 오르리라는 걸 한순간도 의심하지 않았다는 사실이다.

따라서 고양이의 지배는 우연의 산물이 아니라 기나긴 변천을 거치며 인간과 함께한 협력의 결실이다. 주인과 한 몸이 되든, 제각기 움직이든 이 동물은 통치를 위해 유연성을 발휘할 줄 아는 것이다.

여자

"모든 동물 중에서 여자와 파리, 그리고 고양이는
몸단장에 가장 많은 시간을 보내는 존재다."

샤를 노디에

호리병 같은 몸매에 사뿐사뿐한 걸음, 가만히 있다가도 돌연 히스테리를 부리는 경미한 조울증 중세, 아몬드 모양에 검은 마스카라로 그윽함을 더한 두 눈, 비단결처럼 매끄러운 감촉, 날카롭고 뾰족한 발톱, 윤기가 자르르 흐르는 모피 코트까지….

한 여인을 두고 고양이 같다고 하는 말은 그녀의 여성성을 강조하고, 호기심, 더 나아가 욕망을 불러일으키는 역할을 한다. 일부 언어에서는 고양이를 가리키는 총칭이 여성 명사인데, 가령 고전 라틴어의 '펠레스feles' '펠리스felis'가 그렇고, 독일어에서도 여성형 관사를 붙여 '디 카체die katze'라고 한다. 따라서 고양이는 여성형 동물이다. 마음을 홀리고 짜증을 내는 이 동물은 우리의 무의식 속에 깊이 잠긴 '검은 대륙'이다.

당신의 사랑을 독차지하려는, 아니 엄밀히 말해 당신의 접시 위에 있는 고깃덩이나 생선토막을 얻어내려는(요즘 식으로는 캔을 따고 츄르를 사 오게 만드는) 고양이의 몸짓에는 유혹이 깃들어 있다. 고양이의 애교는 관능 그 자체로, 코끝부터 꼬리까지 온몸이 동원되는 육감적인 몸짓이 당신의 손길을 이끈다. 그러다가도 문득 싫증이 나면 홱 돌아서서 딴 데로 가버리는데, 당신의 존재는 아랑곳하지 않는 눈치다. 그러고는 마치 자신의 티 없는 순수함에 때가 묻기라도 한 듯, 그래서 당장 닦아내지 않으면 되돌릴 수 없다는 듯 분주하게 몸단장을 하기 시작한다.

어디 그뿐인가. 이 동물은 내키지 않으면 그 누구의 손길도 허락하지 않는다. 무작정 손을 내밀었다가는 날카로운 발톱에 혼쭐이 나기 일쑤다. 고양이의 움직임은 섬세한 정도를 넘어 자로 잰 듯 정확하다. 밤에는 잠도 안 자고, 보이지도 않는 허깨비를 쫓아 우다다 뛰어다닌다. 프랑스어로 고양이는 남성 명사이지만, 하는 짓은 딱 여자다.

자크 투르뇌르 감독의 〈캣 피플 Cat People〉이라는 영화가 있다. 주인공 이리나 두브로브나(시몬 시뭉 분)는 루마니아 출신의 젊고 아름다운 패션 디자이너로, 뉴욕에 거주하지만 대도시의 삶에 적응하지 못하고 왠지 겉

도는 느낌이다. 동물원에 가서 흑표범을 스케치하는 게 그녀의 유일한 낙이다.

그러던 어느 날, 올리버 리드(켄트 스미스 분)라는 건축가를 우연히 만나 서로 호감을 느끼게 된다. 둘은 결혼에 이르지만, 이리나는 자신이 루마니아의 유서 깊은 '고양이-여자' 가문의 후손이라는 상상에서 헤어나지 못한다. 그녀에 따르면 이 고양이-여자들은 늘씬한 몸매에 포식동물의 습성을 지니고 있으며 치명적이기까지 한데, 신내륙에서는 손에 꼽을 만큼 적은 수로 분포해서 같은 종에 속하는 동물들처럼 서로를 알아본다는 것이다.

아내가 터무니없는 망상에 시달린다고 여긴 올리버는 정신과 치료를 권하지만 별 소용이 없다. 두 사람의 부부 생활에는 균열이 생기기 시작한다. 비서 앨리스에게 고민을 털어놓다가 그녀와 가까워진 올리버는 아내를 떠나기로 결심한다. 질투심에 불타오르는 이리나는 그야말로 잔인한 표범이 되어 앨리스의 뒤를 쫓는다.

추격전의 시작과 함께 짙은 어둠이 드리워지면서

투르뇌르 감독은 매우 효과적인 방식으로 위험을 암시한다. 빛과 그림자의 유희, 명암의 대조를 통해 인물들의 불안과 공포가 손에 잡힐 듯 생생하게 그려진다.

특히 영화 속에서 잠시 마주치는 두 고양이-여자는 낮과 밤처럼 서로 다른 모습이지만, 엉덩이를 흔들며 걷는 관능적인 자태에서 동물적 유혹과 마성이 느껴진다. 이들은 불가사의 그 자체이자 무엇인가에 사로잡힌 존재로, 미국인들이 '구대륙'이라고 일컫는 유럽의 옛이야기에나 나올 법한 여인들이다. 그도 그럴 것이 이 같은 고양이-여자 이야기가 유래한 곳은 이들과 마찬가지로 밤의 피조물인 저 으스스한 드라큘라 백작의 고향, 바로 루마니아이기 때문이다.

이들은 유혈극도 불사할 만큼 잔혹한 성격의 소유자다. 따라서 이 고양이-여자들의 분노를 불러일으킨 사람은 이들이 언제라도 살해 본능을 분출할 수 있다는 사실을 잊지 말아야 한다. 고양이-여자의 날카로운 발톱에 무참히 찢겨서 그 발밑에 쓰러지고 싶은 사람이 어디 있겠는가! 이들의 아름다움은 핏빛에 물들어 더욱 섬뜩하기만 하다.

여자와 고양이를 결합한 모습을 그린 작품은 이 영화 말고 또 있다. 상징주의 시인 폴 베를렌도 두 피조물이 어우러진 모습을 노래했다.

> 검은 실로 뜬 장갑 깊숙이
> 간교한 여인이 감춘 것은
> 마노로 된 치명적인 손톱
> 반짝이는 날카로운 칼날
>
> 〈여인과 암고양이 Femme et chatte〉,
> 《사투르누스의 시 *Poèmes saturniens*》

여인은 암고양이처럼 유혹하고, 암고양이는 여인처럼 유혹한다. 우리의 관념 속에서 둘은 하나다.

랭보의 애인만 두 존재의 연관성을 알아차린 게 아

니다. 콜레트 역시 여자와 고양이가 지닌 공통점과 둘 사이에 존재하는 거울 효과를 즐겨 묘사했다. 《파리의 고양이, 다른 짐승들 Chats de Paris, Autres bêtes》에 실린 〈거울 앞의 암고양이 La chatte au miroir〉라는 시에서 그녀는 고양이와 거울에 비친 형상 사이에 벌어지는 질투의 장면을 상상한다. 자신이 바라보는 게 제 모습이라는 걸 모르는 이 요염한 동물은 거울을 뚫어지게 바라보면서 몸을 이리 비틀고 저리 비틀기를 계속한다.

고양이와 여인을 이어주는 이와 같은 유사성을 좀 더 파고들어 보자.

T. S. 엘리엇의 《주머니쥐 할아버지가 들려주는 지혜로운 고양이 이야기》와 마찬가지로 발자크의 〈어느 영국 암고양이의 속앓이 Peines de cœur d'une chatte anglaise〉는 아이들을 위해 쓴 이야기이지만, 실제로는 어른들에게 훨씬 더 사랑받는 책이다. 둘 다 재치와 해학, 영국 사회에 대한 풍자를 통해 양국을 대표하는 거장의 천재성을 여실히 보여주는 작품이다.

〈어느 영국 암고양이의 속앓이〉는 새하얗고 아름다운 털을 지닌 덕에 '뷰티Beauty'라고 불리는 한 고양이 아가씨의 성장소설이다. 대귀족 가문에서 양갓집 규수처럼 자란 뷰티는 합스부르크 왕가의 앙고라 고양이 퍼프와 혼인을 앞두고 있다. 철저한 영국식 교육을 받은 이 아리따운 요조숙녀는 바람직함respectability을 구현하는 존재다.

하지만 어느 날, 뷰티는 살면서 마주칠 일조차 없을 웬 수고양이한테 홀리고 만다. 프랑스 출신의 브리스케는 빈털터리 건달로, 물불 안 가리는 성격에 흥과 끼가 넘치는 한량 중의 한량이다. 하지만 자칭 '장화 신은 고양이'의 후손이기도 한데, 발자크 소설의 인물이 아니랄까 봐 귀족에 대한 로망을 버리지 못한 것이다. 뷰티는 이 뻔뻔한 청년 앞에서 내숭을 피우다 못해 '영국식 거절can't'로 철벽까지 쳐버린다. 그럼에도 자꾸만 빠져드는 건 막을 도리가 없다.

결국 뷰티는 시도 때도 없이 사랑의 밀어를 속삭이

고 마음 가는 곳에 몸도 가는 옆 나라 식의 사랑법에 눈을 뜨게 된다. 그렇게 해서 무심결에 남편 퍼프를 '자기야mon petit homme'°라고 불러버린다. 이 같은 행동에 퍼프는 소스라치게 놀라고, 뷰티는 사교계의 손가락질을 받는다.

이 어여쁜 새댁은 남편이 버젓하게 있는 데도 외간 남자, 그것도 저보다 신분이 낮은 수고양이와 노닥거리면서 귀족의 위신을 떨어뜨렸다는 이유로 형사 법원에 기소되고, 영국 의회의 동물 버전에 해당하는 '박사들의 하원'에서 재판까지 받는다. 그러는 동안 저 혈기 넘치는 브리스케는 퍼프 수하의 패거리에게 흠씬 얻어맞고 끝내 숨을 거둔다.

° 옮긴이 주: 프랑스어에서 아이나 연인, 배우자를 부를 때 흔히 쓰는 말 중 하나인 '몽 프티 샤mon petit chat(내 작은 고양이)'의 이른바 인간 버전으로, 말 그대로 옮기면 '내 작은 남자'라는 뜻이다. 인간의 애정 표현에서 사랑하는 이를 귀여운 동물에 빗대듯 이 작품의 주인공들은 고양이인 만큼 역으로 사람에 비유한 것이다.

"욕망을 드러내기보다는 숱한 죽음을 견디는 법을 배우라"고 발자크는 서두에서부터 권고한다. 빅토리아 시대 느낌이 물씬 나는 이 경구警句는 동시대를 산 또 다른 거장 쥘 바르베 도레빌리의 소설집 《악마 같은 여인들 Les Diaboliques》, 그중에서도 〈진홍빛 커튼Rideau cramoisi〉을 떠올리게 한다.

소설의 주인공은 싸늘하고 비밀스러운 분위기에 말이 거의 없지만 내면은 열정으로 들끓는 처녀 알베르트로, 기숙 학교에서 돌아와 양친과 같이 살고 있다. 그들의 집에는 젊고 잘생긴 소위도 기거한다. 이들은 매일 다 함께 저녁 식사를 한다. 그러던 어느 날, 알베르트는 식탁 아래서 청년의 손 위에 자신의 손을 포개놓는다. 그때부터 젊은 남자의 마음은 뜨겁게 타오르기 시작한다. 다음날 그는 그녀에게 쪽지를 전하는데, 아무리 기다려도 답이 없다.

그렇게 애끓던 한 달이 지나고, 깊은 밤 '진홍빛 커튼'이 드리워진 젊은 남자의 방 앞에 알베르트가 나타난다. 주체할 수 없는 격정에 휩싸인 그녀는 그에게 몸을 맡기지만, 당연히 부모는 한 지붕 아래에서 이런 일이 벌어지리라고는 꿈에도 의심하지 않는다. 차디찬 얼음장 밑에서 타오르는 불길을 연상시키는 이 작품은 관습과 규범에 짓눌린 사회 속에서 싹트는 배신과 관능 어린 욕망을 묘사한다.

다시 우리의 뷰티 이야기로 돌아와 보자. 역시 은밀한 관능이 깃들어 있기는 해도, 이 소설은 두 권으로 나온 여러 작가의 공동 작품집 《동물들의 사생활과 사회생활 속 장면들 Scènes de la vie privée et publique des animaux》 (1841, 1842)에 함께 수록된 그의 다른 단편들과 마찬가지로 원래 아동을 대상으로 한 이야기였다. 발자크의 인물들은 〈랑제 공작부인 La Duchesse de Langeais〉의 여주인공처럼 사회적으로 매우 정숙하지만 가슴속 깊이 불타는 열정을 감춘 여인인 경우가 많은데, 당혹스럽기 이를 데 없는 이 같은 인물들을 고양이 버전으로 능숙하게 그려낸 것이다.

그렇다면 19세기에 가장 겉과 속이 다르고 가장 모순적인 문화를 지녔던 사회는 어디일까? 두말할 것 없이 영국이다. 생각이 꽉 막히고 갑갑한 데다 언어적 제약도 심했던 이 사회는 정치뿐 아니라 사생활에서도 이러한 특징이 나타나는 것을 확인할 수 있다.

이는 고양이 세계도 마찬가지였다. 대서양 저편에서 꽃 피어난 고양이 사교계와 상류사회 문화 역시 복잡다단한 양상을 보였다. 이곳에서는 오히려 쥐를 보호하는 '라도필Ratophile' 협회, 다시 말해 '쥐 애호가 협회'를 바람직하게 여겼는데, 생쥐와 여타 설치류의 뒤꽁무니를 쫓아다니는 행위야말로 체통도 떨어질뿐더러 잔인하기 짝이 없는 짓이었기 때문이다. 한데 이 같은 사설 단체의 목표는 어느 부호가 귀띔하듯 사실 기발한 방식을 통해 국가의 중상주의에 이바지하는 데 있었다.°

영국의 비틀린 풍속이 네발 달린 동물들한테까시 확장되면 이런 모습일까? 무리 밖으로 나가려는 이들을 배척하고 추방하는 인간 사회의 병폐를 보기 위해서라면 굳이 조지 오웰의 〈동물 농장Animal Farm : A Fairy Story〉까지 들추지 않아도 된다. 동물이 나오는 우화는 대개 대놓고 본질을 말하기보다는 에둘러서 표현하는데, 그렇기에 다양한 해석도 가능한 것이다.

발자크는 뷰티를 두고 "바이런 경의 마음에도 쏙 들었을 것"이라고 칭송한다. 이 새침한 아가씨는 요샛말로 밀당의 고수다. 한데 이는 "남들 앞에서 꾹 참은 만큼 나중에 더 시원하게 내팽개쳐버리기 위한 것"으로, 뷰티는 계획이 다 있었다는 소리다.

인간들의 애정사에서 고양이는 여인을 대신했고, 지금도 다르지 않다. 낭비벽과 까탈스러움은 덜하고 충실함은 더한 이 동물은 소위 먹물깨나 먹은 사내들, 그러니까 까칠하기 짝이 없고 매사에 불평을 일삼는 사내들

○ 옮긴이 주: 실은 퍼프의 주장으로, 고양이가 쥐를 잡아먹지 않으면 쥐의 공급이 원활해지고 값이 내려갈 것이라는 이유에서다. 그에 따르면 "영국의 도덕 뒤에는 늘 계산적인 이유"가 있고, "도덕과 중상주의의 결합이야말로 이 나라가 실제로 기대를 거는 유일한 동맹"이기 때문이다.

에게 더없이 사랑스러운 연인이 되었다.

애묘가이자 '고양이 수집가'로 널리 알려진 폴 레오토가 대표적인 인물이다. 네발 달린 털북숭이는 살뜰하게 보살필 줄 알았어도 인간이라는 종은 하나부터 열까지 죄다 마음에 들지 않았던 프랑스의 이 문필가는 다음과 같은 말을 남기기까지 했다. "애인이 떠날 때마다 길거리를 어슬렁대는 고양이를 데려온다. 한 마리가 가면 또 한 마리가 오는 법"이라고.

이것이야말로 인간혐오자의 음울한 표정 뒤에 가려진 가장 열렬한 사랑 고백이고, 고양이야말로 둘도 없는 동반자라는 확실한 증거가 아닐까? 이 대체자는 문제투성이인 여자에 비해 이점이 한두 가지가 아니었다. 레오토는 이 같은 고양이 애인이 수두룩했던 것 같은데, 공식적으로 확인된 숫자만 해도 "족히 삼백 마리는 되었다"고 전해진다. "물론 동시에 다 키운 건 아니고, 평균 잡아 고양이 서른 마리가량과 개 열두어 마리가 늘 곁에 있었다"고 한다.

한데 고양이를 향한 '동 쥐앙' 같은 열정은 생각보다 흔하다. 프랑스의 도시 변두리나 공동묘지 부근에는 여자보다 고양이를 더 좋아하는 것 같은 아저씨들이 눈에 띈다. 이들은 떠돌이 고양이한테 먹이를 주고, 시선이 마주치면 "뭘 봐? 남이야 누굴 쫓아다니든 댁이 무슨 상관이냐고?"라는 눈빛으로 쩨려본다. 머쓱해진 구경꾼은 엉거주춤하다 발길을 돌릴 수밖에 없다.

이러한 인물들의 초상은 몽테를랑의 작품에서 매우 정확하게 그려지는데, 바로 '자발적 사회 부적응자'라는 말이 딱 들어맞을 두 노총각의 일상을 보여주는 〈독신자들 Les Célibataires〉(1934)이라는 소설이다. 프랑스 서부 브르타뉴 출신의 엘리 드 코에트키당은 괴팍한 성격을 지닌 늙은 남자로, 조카인 레옹 드 코앙트레와 같이 산다(성질머리로는 삼촌 못지않은 사내다). 그는 집안에 틀어박혀 온 세상을 증오하고, 특히 정치인이라면 치를 떤다.

하지만 이런 엘리가 사족을 못 쓰는 대상이 있는데, 바로 고양이다. 네발 달린 털북숭이만 보면 냉혹한 이 남자도 마음이 사르르 녹는다. 어디 그뿐인가. 친해진 야옹이를 다시 볼 수 있다면 먼 길을 나서는 것도 마다하지 않고, 작은 귀염둥이들이 들락거리는 선술집이나 식당을 줄줄이 꿰고 있다.

"드 코에트키당 씨는 고양이들한테 인기가 상당했다. 그는 이들의 꼬리뼈 위를 톡톡 두드리곤 했는데, 독신자들만 알고 있는 아주 특별한 방식이었다. 그는 고양이들을 미치게 만들었다." 자신의 애정을, 아니 이렇게 말하기는 좀 뭣하지만, 자신의 성적 충동을 보들보들한 털 뭉치한테 쏟아부었다고나 할까? 몰락한 귀족으로 제 짝도 못 찾고 나이만 먹어버린 이 사내에게 달콤한 말과 부드러운 손길, 더 나아가 열정적인 사랑을 되찾아준 것은 다름 아닌 고양이였다. 이른바 '대체 연애'가 가능해진 것이다.

이 같은 대체 관계는 부부 사이보다도 더 끈끈할 수 있는데. 집고양이가 대개 열다섯 살까지 산다고 볼 때 커플이 유지되는 평균 기간보다 길기 때문이다. 실제로 반려자 대신 고양이와 기쁨도 슬픔도 함께하기로 마음먹은 싱글 남녀가 적잖다.

콜레트의 소설에서도 고양이를 향한 고백은 사랑의 찬가처럼 열렬하게 울려 퍼진다. 〈암고양이〉에서 주인공 알랭은 고양이 사아한테 걸핏하면 꿀 떨어지는 말을 들려주는데, 세상에서 가장 새침한 여자마저도 온몸을 부르르 떨게 만들 정도다. "오오, 빗속을 쏘다니는 사랑스러운 내 고양이. 아아, 요 앙큼한 우리 사아…." 그뿐만이 아니다. 그는 고양이의 사소한 몸짓과 반응도 해석할 줄 안다. 그런 점에서 알랭은 아내 카미유보다 고양이 사아와 천생연분이다.

때때로 사아를 향한 그의 애정 표현에는 오랜 연인 사이에서나 볼 법한 미운 정 고운 정이 고스란히 묻어나는데, 알랭의 눈에 비친 이 고양이는 "두 볼이 통통한 아기곰"이자 "파란 비둘기"이고, "진줏빛 악마"다. 사아는 콧대 높은 애인처럼 도도하게 굴다가도 언제 그랬냐는 듯 살갑게 아양을 부린다. "고양이는 쉴 새 없이 가르랑거리며 어둠 속에서 알랭의 콧구멍과 입술 사이에 축축한 제 코끝을 갖다 댔다. 어쩌다 한 번 해줄까 말까 하는 찰나의 입맞춤이 아득하게 스쳐갔다."

작가는 이 고양이의 "한결같이 그만을 바라보는 시선"을 강조한다. 하지만 사아는 걷잡을 수 없이 사나운 연인처럼 마구 할퀴기도 한다(앙칼진 여자가 따로 없다!). "알랭은 고양이의 납작한 정수리를, 난폭한 생각이 떠나지 않는 그 정수리를 쓰다듬으려고 손을 내밀었다. 그러자 고양이는 마치 기다리기라도 한 듯 냅다 깨물었다. 알랭의 손바닥에 새빨간 핏방울이 맺혔다. 두 점의 핏자국을 본 그는 절정에 달한 애인한테 물어뜯기기라도 한 것처럼 분노가 치밀면서도 짜릿한 기분이 들었다."

"절정에 달한 애인한테 물어뜯기기라도 한 것처럼"이라는 표현이야말로 거친 야수로 돌변한 여인의 성적인 힘을 암시한다. 더 나아가 작가는 고양이의 조그만 머리통 속에 억누를 길 없는 힘과 야성이 도사리고 있음을 알려준다. 오랜 표현이 말하듯 모든 여자의 내면에는 한 마리 짐승이 있는 것이다.

여기서 알랭과 사아의 관계는 불타오르는 열정과 달콤한 속삭임, 사정없이 물어뜯고 할퀴는 애정 표현, 그리고 당연히 질투까지 깃든 만큼 연인 사이나 다름이 없다. 물론 사아는 알랭의 아내 카미유를 질투한다. 하지만 알랭도 사아의 '애인들'을 시샘한다. 그는 사아를 향해 이렇게 말한다. "넌 마냥 순수하고 반짝반짝 빛나는 고양이지만, 한낱 고양이만은 아니야. 너한테 맨 먼저 다가간 게 누구지? 바로 이 커다란 흰 고양이잖아. 꼬리는 없어도 말이야. 그걸 잊어버리면 안 된다고. 알았지, 요 못난이야…." 이보다 더 감미로운 사랑 노래가 어디 있을까?

이 동물이 지닌 여성성을 찬미한 이로는 물론 보들레르를 빼놓을 수 없다. 그가 고양이에게 바친 시들이야말로 관능 그 자체다. 시인은 글 쓰는 이라면 누구나 부러워할 만한 감각의 희열을 느끼며 이 야행성 동물을 쓰다듬는다. 그는 여인을 바라보듯 감탄과 열망 어린 눈길로 고양이를 관찰하고 묘사한다. 고양이의 두 눈에 홀리고("비의秘儀가 담긴 눈동자", 〈고양이들Les Chats〉, 《악의 꽃》), 그 "비옥한 허리"에 반한다. "아름다운 고양이여, 사랑에 빠진 내 마음으로 오려무나"라고 노래하는 시인은 관능으로, 연인이 주는 쾌락으로 고양이를 부르고 초대하는 것이다.

따라서 한없는 어루만짐과 아득한 도취, 그윽한 향내만이 존재하고, "내 머릿속에 떠오르는 건 내 여인의 자태"뿐이다. 이 같은 아찔한 감각은 원래 사랑을 나누는 두 연인 사이에서만 가능한 것으로, 시인은 관능적인 밤의 짜릿한 순간순간을 빠짐없이 그린다. 보들레르가 천재적인 시인이 아니었다면 부끄러움 많은 독자는 이토록 과감한 묘사 앞에서 저도 모르게 얼굴이 붉어지고도 남았을 테다.

관능과 히스테리는 한 끗 차이다. 유혹에는 위험과 광기가 서려 있다. 성적으로든 정서적으로든 욕구가 채워지지 않은 여자는 외로움에 몸부림치는 암고양이가 되기도 한다. 테네시 윌리엄스가 쓴 동명의 희곡(1955)을 원작으로 한 리처드 브룩스 감독의 〈뜨거운 양철 지붕 위의 고양이 Cat on a Hot Tin Roof〉(1958)가 생각나지 않을 수 없다.

미국 남부의 찌는 듯한 더위 속에서 마거릿(엘리자베스 테일러 분)은 남편 브릭(폴 뉴먼 분)을 향한 욕구로 몸이 달아올랐다. 하지만 술에 절어 사는 남편은 아내를 거들떠보지도 않은 지 오래다. 남편이 침대로 데려가기만을 애타게 바라는 마거릿은 마치 암고양이라도 된 느낌이다. 이때 여인의 욕망은 애원이자 욕구 불만에서 비롯된 고통, 짐승의 신음과도 다르지 않은 것으로, 테네시 윌리엄스만큼 섬세한 남자나 되어야 이를 제대로 감지하고 관객을 전율케 만드는 대사로 표현할 수 있는 것이다.

"암고양이 매기"이자 연인이고 욕정 넘치는 여인 마거릿은 친구(그냥 친구인지 애인인지는 확실치 않다) 스키퍼의 죽음으로 인한 충격에서 헤어나지 못하는 브릭에게 이렇게 말한다. "당신이 영영 날 안지 않을 것 같으면, 정말로 그렇게 되면 말이지. 난 당장 부엌으로 가서 저 길고 뾰족한 칼 있잖아. 그걸 들고 와서 바로 푹 찔러버릴 거야…. 꼭 그러고 말 거라고!" 빼도 박도 못하는 성적 암시다.

한데 여기서 관건이 되는 것은 분명 욕망이지만, 결연하기 이를 데 없는 욕망이다. 장애물이 생기자마자 지치고 무뎌지며 포기할 생각부터 하는 오늘날의 욕망이 아니다. 브릭을 향한 암고양이 매기의 열정은 활활 타오르는 불 속에서도 사그라지지 않는 것이다(중세에도 고양이를 불길한 피조물로 여겨 화형대로 보냈지만 멸종하지 않고 살아남아 오늘날에 이르지 않았던가!).

암고양이 매기는 자기가 얼마나 악착같은 여자인지를 안다. "난 마지막 공gong이 울릴 때까지 링 위에 남아서 끝내 이기고 말 거야. 두고 봐…. 뜨거운 지붕 위에 올라간 암고양이는 기어코 이기게 돼 있어. 어떻게 가능하냐고? 나가떨어질 때까지 버티고 또 버티는 거지."

테네시 윌리엄스는 누구보다 고양이를 세심하게

관찰한 작가로, 《외팔이와 다른 이야기들 *One Arm and Other Stories*》에 수록된 단편 〈저주 The Malediction〉에서도 이 동물이 상당한 비중을 차지한다. 주인공 루치오는 하루 벌어 하루 먹고사는 처지로, 어느 날 갑자기 일자리를 잃고 집에서도 쫓겨난다. 그 와중에 설상가상으로 고단한 삶에 힘과 위안이 되어준 고양이 니체보마저 사라져 버린다. 절망의 나락에 빠진 그는 우여곡절 끝에 고양이를 발견하지만, 온몸이 만신창이가 된 니체보는 숨이 끊어지기 직전이다. 사랑하는 고양이 없이는 더 이상 살아갈 의미가 없다고 생각한 주인공은 강물에 몸을 던진다.

다시 우리의 양철 지붕 위 고양이에게로 돌아와 보자. 마거릿은 영락없는 암고양이이고 그 같은 모습으로 묘사된다. 그녀의 몸짓 하나하나가 고양잇과 동물의 특성을 보여준다. 마거릿은 브릭의 발치에 몸을 던지고, 그의 앞에 무릎을 꿇으며, 자신은 "스키퍼와는 달리 생생하게 살아 숨 쉬는 존재"라고 호소한다. 작품 속 다른 인물들은 저녁마다 마거릿이 브릭에게 애원하고 그가 그녀를 밀쳐내는 소리를 듣는다. 과연 사랑에 빠진 암고양이다운 행동이다.

욕망의 화신이 된 마거릿은 이렇게 말한다. "삶은 한없이 치열한 거고, 매기의 뱃속 깊은 곳엔 그런 게 있어. 매기를 닮은 한없이 처절한 뭔가가 늘 꿈틀댄다고!" 이 대사를 들으면 곧바로 떠오르는 문장이 있다. "토타 물리에르 인 우테로Tota mulier in utero", 즉 "여자의 모든 것은 자궁 속에 있다"라는 라틴어 격언이다. 이 표현을 고양이 버전으로 바꿔놓은 게 매기가 한 말, 그러니까 "암고양이의 모든 것은 배 속에 있다"는 말이다.

이러한 사랑의 외침은 광기에 가깝다. 발정이 난 암고양이를 떠올려 보자. 공기를 찢어놓을 것만 같은 날카로운 울음과 끙끙 앓는 듯한 가느다란 신음이 온몸을 놓아주지 않는 탓에 가엾은 짐승은 한숨도 돌리지 못한다(우리 역시 잠은 다 잤는데, 이처럼 관능에 찬 발작은 꼭 한밤중에 일어나기 때문이다). 그럴 때면 고양이는 곁에 와서 끝도 없이 몸을 비비고, 부끄러움 따위는 남의 일이라는 듯 궁둥

이를 하늘만큼 치켜든다. 이렇게까지 하는 동물이 과연 또 있을까 싶을 정도다.

어떤 여자가 암고양이처럼 군다는 말은 이중적으로 성적인 의미를 띤다. 이는 '암컷 중의 암컷'이라는 뜻이고, 여성성 그 자체라는 의미다. 신기하게도 프랑스어로 '고양이다움'을 뜻하는 'félinité(펠리니테)'와 '여성성'을 의미하는 'féminité(페미니테)'는 발음마저 비슷하다. 고양이 앞에서든 여자 앞에서든 남자는 온몸의 털이 쭈뼛 선다.

패션과 광고업계 종사자들은 '캣우먼'이 얼마나 황홀한 존재인지를 진작부터 알았다. 아찔한 하이힐을 신고 또각또각 다가와 당신의 목덜미를 사랑스럽게 어루만지자마자, 아니 그러기도 전에 반짝이는 매니큐어를 칠한 날카롭고 뾰족한 손톱이 기습한다. 여인은 떠나도 짙고 그윽한 눈매가 당신의 뇌리를 떠나지 않는다. 이 같은 마성의 매력 앞에서는 남자의 두려움과 욕망이라는 것도 한낱 고양이 앞의 쥐일 뿐이다.

여성의 성적 매력은 남성들에게 언제나 신비로움을 넘어 오싹하게까지 만드는 그 무엇으로 인식되었다. 우리 사회의 역사는 제 스스로 감당할 수 없는 이 같은 매혹을 통제해야만 했던 사내들의 예로 넘쳐난다. 가부장제와 종교는 이러한 생명력, 즉 여성의 성적 충동을 제어하고 여자를 사회적으로 열등한 역할에 종속시키고자 부단히 노력해왔다. 그래야 남자들이 마음 놓고 살 수 있었기 때문이다. 〈뜨거운 양철 지붕 위의 고양이〉의 브릭도 친구 스키퍼의 죽음으로 인한 슬픔보다 암고양이 매기에 대한 두려움이 더 크지 않았을까?

심리학에서도 고양이를 전형적으로 여성적인 동물로 간주한다. 밤에 돌아다니고 도무지 종잡을 수 없다는 면에서 그런데, 여성 역시 생명의 어둡고 모호한 쪽에 기원을 두고 있기 때문이다. "고양이는 여성적인 특성을 지니고, 그런 점에서 여러 문화에 존재하는 고양이와 관련한 부정적인 생각은 여성을 대상으로 한 위장된 공격성, 보다 일반적으로 말해 심리적으로 뿌리 깊은 여성 혐오의 표현과 다르지 않다"라고 《상징 백과사전 *Encyclopédie des symboles*》에서도 설명한다.

고양이를 향한 증오가 널리 퍼진 여성 혐오와 궤를 같이한다는 뜻일까? 흑마술을 부린다는 누명을 쓰고 화형대에 오른 여자들이 있다. 이들은 흔히 기다란 빗자루를 타고(두말할 것 없이 성적 암시다) 검은 고양이를 데리고 다니는 모습으로 묘사되는데, 바늘 가는 데 어찌 실이 가지 않겠는가!

특히 1920년대 미국 동화를 보면 빗자루 뒤에 고양이를 태우고 히죽거리며 돌아다니는 늙은 여자가 자주 나온다. 매사추세츠주 세일럼의 마녀를 재현한 인물로, 17세기 미국에서 이들은 악마한테 영혼을 판 여자들이라고 따돌림을 당했다. 오늘날에도 삽화가들은 이들 마녀를 그릴 때 검은 고양이를 빼놓지 않는다. 이 음침한 여자들과 늘 붙어 다니는 검은 고양이는 이들의 닮은꼴이자 분신이다. 마녀와 고양이는 제법 잘 어울리는 한 쌍이다.

서유럽에서는 그보다 훨씬 일찍, 그러니까 14세기에 마녀사냥이 시작되었다. 기독교의 지배 아래 게르만 문화에서 물려받은 전통과 관습을 배격한 시대로, 마법을 부리고 점술을 행하는 여자들이 수난을 겪었다(출애굽기 22장 18절에서 모세는 "마술을 부리는 여자는 살려두어서는 안 된다"°고 한다). 마녀들은 역병이나 전쟁 같은 만악萬惡의 원인으로 지목되어 삼백 년 가까이 고양이와 함께 쫓겨 다녔다. 14세기 중엽에는 흑사병을 퍼뜨리는 주범이라는 모함까지 받았다. 설명할 수 없는 악 앞에서 숱한 여자와 고양이가 애먼 희생양이 되었고, 한묶음으로 세상에서 내쳐진 것이다. 이들은 사회를 정화한다는 명목으로 화형을 당했다.

한데 이처럼 우울한 이야기 속에 우리의 눈길을 끄

° 옮긴이 주: 가톨릭 공동번역 성서에서는 "요술쟁이 여인은 살려두지 못 한다", 개역개정 성경에서는 "너는 무당을 살려두지 말아라"라고 한다. 여기서는 본문의 느낌에 맞추어 새번역 성경의 번역을 인용했다.

는 대목이 있다. 선고를 내리기 전에 재판을 거쳤다는 사실이다. 마녀야 재판을 받는 게 당연하다 치더라도 역사적 사실에 따르면 고양이도 그 대상이었는데, 중세에는 동물 법원이 존재한 것이다. 요술을 부린다는 죄목으로 피고석에 선 고양이라니… 변호인의 조력을 받을 권리까지 행사했는지는 알 수 없지만 주목할 만한 점이 하나 있는데, 바로 이러한 법정 출두야말로 네발 달린 이 털북숭이가 인간과 같은 취급을 받았다는 증거라 할 수 있는 것이다. 분명 미운털이 단단히 박히기는 했지만, 미운털 박힌 '놈', 그러니까 사람과 동급으로 여겨졌다는 말이다.

그렇다면 고양이와 마녀 사이에는 어떤 공통점이 있기에 이처럼 한데 묶인 걸까? 밤에 잠도 안 자고 혼자 돌아다니고, 그런 이유로 늘 베일에 싸여 있는 데다, 주체할 수 없는(또는 그렇다고 추정되는) 성적 충동을 보이고 사회적 규범과 질서에 반反하는 행동을 한다. 성경에서는 절대 가르쳐주지 않는 지식을 알고 있다는 이유로 배척당하면서도 여전히 위력을 잃지 않는 여인, 그리고 남의 말은 귓등으로 듣고 하루 종일 늘어지게 자다가 해 질 녘, 그러니까 어둠의 무리가 지상에 모습을 드러내는 바로 그 시간이 되어야 슬슬 기지개를 켜는 짐승. 고양이를 관찰하면 신들리기라도 한 듯 난데없이 우다다 뛰어다니는 모습을 볼 수 있는데, 이러한 돌발 행동 또는 발작의 원인은 아직 밝혀지지 않았다.

한데 이 같은 '광란의 순간'을 묘사하는 데는 콜레트를 따라올 작가가 없다. "(사아는) 전율하듯 온몸을 파르르 떨었다. 폭스테리어처럼 땅바닥을 벅벅 긁고는 도마뱀 같이 꿈틀대다가 두꺼비라도 된 것처럼 네발로 폴짝 뛰어올라서 달걀을 훔쳐 온 들쥐처럼 허벅지 사이에 흙덩이를 꼭 품었다. 그러고는 마법이라도 부린 양 구멍을 쏙 빠져나와 가쁜 숨을 고르며 찬 이슬이 맺힌 깨끗한 잔디 위에 앉았다. 알랭은 잠자코 바라보기만 했다. 돌연 넋 나간 듯 이리 뛰고 저리 뛰는 사아 앞에서도 그는 조금도 흔들리지 않은 채 침착함을 유지할 수 있었다." 게다가 미꾸라지처럼 쏙쏙 빠져나가는 이 동물은 목숨

이 아홉 개라는 말까지 있다. 이렇게 죽지도 않는 불사신에게서 대체 무슨 재주로 벗어날 수 있단 말인가!

운명은 종종 얄궂은 양상을 띤다. 14세기 유럽에서 흑사병은 2천 5백만 명의 목숨을 앗아갔다. 쥐의 증식에 한몫한 것은 고양이 학살로, 감염된 벼룩이 몸에 붙은 설치류가 인간에게 병을 옮기는 매개체가 된 것이다. 인간이 고양이를 여성성과 연결 짓고, 그에 따라 이 동물을 자신의 '알테르 에고 alter ego', 곧 분신으로 여긴다는 점에서 역사적으로 카투스와 모종의 관계가 있던 이들을 벌했다는 사실은 놀랍지 않다.

중세 유럽에서는 검은 고양이를 키우면 사형을 당할 위험까지 감수해야 했지만, 고대 이집트에서 이 동물은 기쁨과 다산의 여신인 바스테트과 결부되었다. 고양이를 지칭하는 명사인 '미우 miw'는 신성한 존재로, 이 동물을 해치는 사람은 누구라도 살려두지 않았고, 고양이가 죽으면 미라를 만들어 돌로 만든 관에 넣었다.

미우를 향한 열정 때문에 이집트인은 형벌 제도에

사형이라는 최고형까지 포함시켰다. 이러한 징벌이 정작 고양이한테 도움이 되었는지는 모르겠지만 말이다. 어쨌든 이토록 극단적인 처사야말로 이 동물이 우리의 과도함을 표상하는 동시에 무의식의 억눌린 부분을 표현하면서 인간의 정신세계에서 특별한 위치를 차지하게 되었음을 보여준다고 할 수 있다.

이 같은 무의식이 깊이 반영된 것이 우리가 사용하는 언어다. 뒤집어 말하면 인간의 언어는 집단 무의식을 드러낸다. 다른 언어들도 마찬가지겠지만 '고양이'가 들어가는 프랑스어 표현을 조사해 보면 카투스가 우리 의식에 얼마나 깊숙이 침투해 있는지, 다시 말해 이 동물이 인간의 정신세계에서 얼마나 각별한 의미를 지니는지를 알게 된다.

'고양이'라는 단어가 포함된 표현은 한둘이 아니지만, 우선 눈에 띄는 점은 바로 놀이, 유희와 관련이 있다는 것이다. "고양이한테 대답을 넘기다"°나 "고양이 생쥐 다루듯 갖고 놀다"가 대표적인 예다.

어두컴컴할 때도 고양이를 떠올린다. "밤에 고양이는 모두 잿빛이다"라거나 "어미 고양이도 제 새끼들을 못 찾겠다"고 한다.

그뿐만이 아니다. 개발새발, 괴발개발 쓴 글씨를 보면 "고양이가 와서 썼느냐"고 묻고, 대충 마무리한 일이나 형편없는 글에 대해 "고양이나 먹을 만한 죽"이라고 하며, 맹숭맹숭한 커피를 두고 "고양이 오줌" 맛이 난다고 한다(과연 누가 먹어본 걸까?).

위험에 맞서거나 대결을 벌이는 상황에서도 "잠자는 고양이를 깨우면 안 된다"고 하고(고양이와 사자가 맞먹는다!) '임자 만났다' '호적수를 만났다'는 의미로 "용감한 고양이 앞에 용감한 쥐"라고 한다.

그리고 당연히 성적 매력과도 이어지는데, "암고양

○ 옮긴이 주: 문자적으로 옮기면 '고양이에게 혀를 주다 donner sa langue au chat'라고 할 수 있는데, 어떤 질문을 하거나 수수께끼 등을 냈을 때 '추측이나 답변을 포기한다'는 의미로 이렇게 답한다. 원래 '개한테 혀를 던진다 jeter sa langue aux chiens'고 했는데 '고양이'로 대체되면서 표현이 완곡해진 것이라고 한다.

이처럼 사랑에 빠졌다"고 하고, "고양이 짓을 한다"는 말도 쓴다. 물론 여성 성기를 속되게 일컬을 때도 사용되는데, 참고로 엉큼한 사내들이 껌뻑 죽는 말이다. 프랑스어 '샤트chatte'는 영어로는 '푸시pussy'로, 두 단어 모두 암고양이를 뜻하는 동시에 속어로 여성 성기를 가리킨다.

지구 반대쪽에서도 사정은 다르지 않은데. 일본말로도 '사랑을 나눈다'라는 뜻으로 "냥냥거리다ニャンニャンする"라는 표현을 쓴다. 한 발짝 물러나 전체적인 그림을 보면 에로스부터 타나토스까지 이르는 상징, 즉 사랑과 죽음을 넘나드는 일체의 인간 충동이 드러남을 알 수 있다.

이처럼 우리의 무의식에 자리 잡은 카투스는 하나의 상징이 된다. 주인공의 감정 변화가 주축을 이루는 몇몇 작품에서도 이 동물이 나오는데, 커플의 애정사에서 결정적인 역할을 할 때가 많다. 두 남녀 사이에 고양이가 등장하면 판세가 달라진다. 하지만 귀여운 동물의 모습을 한 이 제삼자의 존재를 처음에는 간과하기 일쑤다.

이쯤에서 짚고 넘어가지 않으면 안 될 작품이 있다. 제목만 들어도 다 아는 소설이다. 인간 정신의 심연에 도사린 어둠을 환상적으로 그려낸 〈신비와 상상의 이야기들Tales of Mystery and Imagination〉의 저자를 아는가? 1843년 에드가 엘런 포는 〈검은 고양이The Black Cat〉라는 단편을 발표한다.

이 소설의 화자는 누구 못지않게 동물을 좋아하는 남자로, 술독에 빠지면서 정신 이상 증세를 보이기 시작한다. 그렇게 해서 걸핏하면 아내를 때리고 자신이 키우는 동물들을, 개와 원숭이, 토끼, 새, 금붕어 할 것 없이 죄다 못살게 구는데, 딱 하나 예외가 있다. 바로 '플루토'°라는 이름의 검은 고양이로, 그전부터 유독 아끼던 동물이기 때문이다.

하지만 어느 날 밤, 피해망상과 증오가 극에 달한

° 옮긴이 주: 로마 신화에 나오는 지옥의 신 이름으로, 그리스 신화의 하데스에 해당하는 신이다.

그는 플루토의 한쪽 눈알을 도려내는 끔찍한 짓을 저지르고 만다. "아내의 단짝"이자 한낱 짐승이라고 하기에는 너무나 당당한 이 동물에게 병적으로 집착하면서 사악한 충동을 분출하기에 이른 것이다. 주인공이 머리부터 꼬리까지 새까만 이 동물을 학대할수록 '검은 고양이'는 하나의 상징이고, 인간이 무의식 속에 깊이 감추고 억누르는 의미심장한 대상임을 알 수 있다.

이 작품에서 고양이는 화자에게 일그러진 열정을 일깨우고 '섬뜩함das Unheimliche'을 불러일으키는 존재다. 프로이트가 발전시킨 이 개념은 '또 다른 자아, 자신의 분신alter'에 대한 비정상적인 두려움으로, 언제라도 폭발적인 분노로 바뀔 수 있는 감정이다.

죄의식과 공포에 시달리던 주인공은 애꾸가 된 고양이의 목에 밧줄을 걸고 나무에 매달아 죽인다. 그날 밤 그의 집은 불타버려 잿더미가 되지만, 유일하게 무너지지 않은 한쪽 벽에 목매단 고양이의 형상이 뚜렷하게 남아 있다. 이후 시간이 흐르고, 그는 어느 술집에서 플루

토를 빼닮았지만 가슴에 하얀 털이 난 고양이를 만난다. 이 고양이는 마치 그를 알기라도 하는 듯 살갑게 굴더니 집까지 따라온다. 새로운 고양이는 아내와 금방 가까워지지만, 그는 플루토처럼 외눈박이로 보이는 이 동물 역시 미워하며 괴롭히기 시작한다.

그러던 어느 날, 지하실로 내려가던 그는 고양이 때문에 계단에서 발을 헛디디고 비틀거린다. 분노가 치밀어오른 그는 도끼를 집어 들고 미친 듯이 휘두른다. 하지만 이를 말리려던 아내가 맞으면서 곧바로 쓰러지고, 고양이는 어디론가 사라져버린다.

결국 주인공의 아내와 고양이는 동일한 분노와 증오의 희생양이 된 것이다. "나는 허구한 날 지독하게 아내를 괴롭혔고, 아내는 그저 묵묵히 참기만 했다"고 화자는 고백한다. 이야기가 어떻게 끝나는지는 대부분 알 텐데, 같은 운명의 실로 이어진 아내와 고양이가 하나의 넋이 되어 주인공에게 앙갚음한다는 결말이다.

환상과 괴기스러움이 절묘하게 어우러진 이 단편

에서 주된 정서를 이루는 것은 '사악함'이다. 화자는 자신의 비틀린 의식을 명료한 언어로 표현하지만, 그의 고뇌와 집착, 가학 행위에 대한 묘사에서 억눌린 성적 콤플렉스가 드러난다. 어찌 보면 성욕으로 인해 정신질환이 생긴 것이라고도 할 수 있다. 주인공이 고양이와 아내, 다시 말해 둘이 아닌 한 존재에게 원한을 품는 것은 바로 이 같은 이유에서다.

두 남녀와 고양이가 이루는 삼각관계는 영화에서도 음울하고 격정적인 분위기로 그려진다. 조르주 심농이 쓴 동명의 소설(1967)을 원작으로 한 그라니에 드페르 감독의 〈고양이Le Chat〉(1971)가 그 예다. 주인공은 황혼에 이른 부부로, 프랑스의 국민배우 장 가뱅과 시몬 시뇨레가 호흡을 맞췄다. 이십오 년이라는 긴 세월을 함께한 두 사람은 서로 더 이상 할 말도 없지만, 그렇다고 헤어지지도 못하는 처지다. 삭막하다 못해 음산한 기운이 감도는 파리 외곽을 배경으로 둘 사이에 쌓인 앙금만 깊어갈 따름이다.

아내 클레망스는 곡예사 출신으로, 공중그네에서 추락하는 사고를 당하고 공연을 그만둔 지 오래다. 한평생 인쇄공으로 일하고 이제는 퇴직한 남편 쥘리앵의 유일한 관심사는 어느 날 자신이 바깥에서 데려온 고양이뿐이다. 딱히 예쁜 구석도 없는데 남편의 사랑을 독차지하는 이 동물이 클레망스에게는 눈엣가시다. 다 늙은 사내가 겨우 고양이 한 마리를 가지고 유난을 떠는 모습이 여간 꼴사납지 않은 것이다.

그러던 어느 날, 모처럼 쥘리앵이 클레망스에게 말을 건다. 고양이를 봤느냐는 질문이었다. 무겁게 짓누르던 침묵을 깨트린 이 말이야말로 이 동물이 남편의 마음속에서 이미 아내를 몰아내고 그 자리를 차지했다는 걸 보여주는 증거였다. 한데 재미있는 사실은 아내는 전직 곡예사, 그러니까 고양이처럼 폴짝 뛰어올라 허공으로 날렵하게 몸을 던질 줄 아는 여자라는 점이다. 술 없이 하루도 못 사는 지금은 그것도 다 옛날이야기지만 말이다.

질투에 눈먼 그녀는 급기야 돌이킬 수 없는 일을 저

지르게 되는데, 제 손으로 고양이를 처치하고 만 것이다. 신문의 사회면을 보면 분노에 못 이긴 남편이나 아내가 바람을 피운 상대의 애인을 칼로 찌르는 사건이 종종 발생한다. 클레망스도 다르지 않았다. 불화의 씨앗이 된 제삼자를 없애버리는 방식으로 부부 사이를 되돌려놓으려고 한 것이다.

이 영화는 침묵 속에 억누른 감정의 격렬함을 실감나게 그린 수작秀作으로, 주연 남녀가 프랑스 은막의 전설로 통하는 배우들이기도 하지만, 이야기 자체로도 매우 상징적이다. 여기서 주인공이 애지중지하는 고양이는 수컷이기는 해도 여성이나 다름없는데, 전에는 여자를 사랑한 남자의 새 연인이 되었기 때문이다.

이 말 없는 사랑은 언제까지나 이어질 감정이고. 등장인물도 관객도 그 지속성을 알고 있다. 이 새로운 사랑은 공중그네에서 떨어지지 않고 추락한다 해도 끄떡없는 애정으로, 프랑스 속담에서 말하듯 "고양이는 늘 제 발로 착지하는 동물"이기에 그렇다.

뚱보

"고양이의 왕이라는 칭호를 받아 마땅할 만큼

거대한 풍채였다."

나쓰메 소세키,
〈나는 고양이로소이다〉

피식 웃음이 나올 수도 있겠지만 이 장의 제목은 사실 의미심장하다. 살집이 붙으면서 고양이의 존재론적 본질까지 변하는데, 감탄이 절로 나오는 날씬한 무용수의 자태에서 그 앞에 넙죽 엎드려 절이라도 해야 할 것 같은 후덕한 부처님 모습으로 바뀌기 때문이다. 살찐 고양이는 여느 뚱보와 다르다. 뚱뚱한 개나 펑퍼짐한 사람은 왠지 푸근해 보이고 정이 가지만, 덩치 큰 고양이는 일종의 경외심을 불러일으킨다. 이러한 관점에서 비대한 고양이는 얼굴에 기름이 흐르고 배가 불룩할수록 존경받던 과거의 세도가를 떠올리게 한다.

이는 특히 살찐 고양이 그림에서 볼 수 있는데, 넉넉한 풍채에서 우러나는 여유로운 분위기에 불교의 사천왕상이나 도교에서 받들어 모시는 일부 신들의 초상처럼 노하고 무서운 표정이 어우러진 경우가 많다.

가필드Garfield는 그 탁월한 예다. 1978년 미국의 만화가 짐 데이비스의 손끝에서 태어난 가필드는 두루뭉술한 몸매에 고양이와 사람의 성격을 둘 다 지닌 캐릭터다. 과체중이 아니었다면 이 고양이의 느긋함과 엉뚱함, 재치 있는 말대꾸는 그리 새로울 것도 없고 썩 와닿지도 않았을 것이다. 가필드가 오늘날 누구나 다 알고 모두가 열광하는 '삐딱한 철학자'가 된 것은 중량 초과 덕이 적잖다.

게을러빠지고 저밖에 모르는 이 치즈냥이는 음식이라면 사족을 못 쓰고(최애 음식은 역시 치즈가 잔뜩 들어간 라자냐다) 낮잠 자는 낙으로 산다. 아마도 이 같은 생활 덕분에 천하장사 맞먹는 힘이 생기지 않았을까? 체통을 지키기 위해서는 이를 받쳐줄 만한 듬직한 체격, 그러니까 '존재의 잉여분'이 필요하기 마련이다. 가필드의 일과는 매우 단순한데, 먹고 자고 주변 인물, 다시 말해 집주인 존과 그가 키우는 개 오디를 귀찮게 구는 게 전부로, 때로는 로마 황제처럼 거드름을 피우고, 때로는 철부지처럼 어리광을 부린다.

1986년 작 〈여행 가방 속의 고양이 The Cat Inside〉에서 윌리엄 S. 버로스는 이러한 태도를 "어린애나 다름없는 반응"이라고 평한다. 무엇이든 마음껏 먹게 내버려둔 아이는 비만에 폭군이 된다. 가필드는 스스로 이 같은 호사를 베풀고, 그런 이유로 우리는 이 뚱냥이한테 환호하는 것이다. 하지만 폭군이 철학자가 되고 싶을 수도 있으니 우리의 주인공이 바로 그렇다. 이 오렌지색 줄무늬 고양이의 생각은 만화 곳곳에 보물처럼 숨겨져 있는데, 이렇게 해서 "게으름의 장점은 노력이 거의 안 든다는 것" "바닥을 쳤다 싶을 때마다 누가 삽을 던져준다" "제 버릇 개 줄까" 등의 주옥같은 명언이 탄생하게 된 것이다.

그렇다면 고양이의 카리스마는 몸무게에 비례하는 걸까? 이런 질문을 해 볼 법도 한데, 여러 작품에서 뚱뚱한 고양이가 들려주는 이야기를 귀담아듣는 독자가 제법 많기 때문이다. 분명 뚱뚱이 카투스, 라틴어 풀네임으로는 '크라수스 카투스Crassus catus'가 홀쭉이 카투스보다 인기가 많다. 이런저런 이유가 있겠지만, 뭐니 뭐니 해도 보들보들하고 토실토실한 느낌이 좋아서가 아닐까? 이 같은 즐거움은 이들의 포동포동한 몸매와 덩치 큰 고양이의 전유물이라 할 수 있는 매끄러운 촉감에 상당 부분 기인하는 게 분명하다.

분명 펑퍼짐한 고양이들은 삐쩍 곯은 고양이보다 더 점잖고 더 여유로워 보인다. 후덕한 고양이는 세상만사 초월한 듯한 현자를 연상시키기도 한다. 확실히 이들은 불안과 초조함 따위는 개나 줘버린 듯한 표정으로, 말없이 떡 버티고 있고, 뱃살만큼이나 자신감도 두둑하며, 여타의 고양이들과는 달리 생존을 위한 투쟁, 그러니까 먹이를 구하는 일에 심드렁한 것 같다. 이처럼 덩치 큰 고양이는 존재감이 만만찮은데, 다른 동물들처럼 뚱뚱하다고 해서 우스꽝스럽게 보이지 않기 때문이다. 고양이의 두툼한 살집은 서핑 선수의 탄탄한 근육처럼 힘의 표시이자 저력의 증거이고, 우월함의 증표다.

1983년 3월 22일, 벨기에 일간지 《르 수아르 *Le Soir*》를 받아 든 독자들은 뾰족한 귀에 코끝이 둥글고 사팔뜨기인 회색 고양이를 발견했다.° 까만 선으로 거침없이 쓱쓱 그린 듯한 이 동물은 사람처럼 옷을 입고 사람처럼 두 발로 서 있지만 하는 짓은 영락없는 고양이였는데, 생쥐만 보면 입맛을 쩍쩍 다시고 사방팔방 자손을 퍼뜨리는 일에 누구보다 열심이었던 것이다.

벨기에 만화가 필립 글뤽의 펜 끝에서 태어난 이 동물은 혼자 있어도 한 컷을 꽉 채울 만큼 우람한 체구에 고양이의 습성과 인간의 형상을 기막히게 조화시킨 캐릭터다. 주특기는 생뚱맞은 유머와 특유의 철학이 담긴 언어유희와 풍자로, 이 고양이는 죽비 소리 같은 한마디를 기다리는 독자를 위한 '현대의 붓다'가 되었다.

그렇다면 이 캐릭터의 창조자에게는 어떤 모습이었을까? 작가의 눈에는 특히 거구의 동물로 비친 게 확실하다. 글뤽은 고양이와 같이 있는 자신을 표현할 때 늘 말라깽이로 그렸다. 실제로 작품 속에서 고양이 옆에 선

○ 옮긴이 주: 〈고양이Le Chat〉는 벨기에 신문《르 수아르》의 부록에 연재된 만화로, 주인공의 이름도 '르 샤Le Chat(고양이)'다. 현재까지 24권의 앨범과 6권의 '베스트 오브Best of'가 출간되었다.

작가를 보면 가냘픈 꼬맹이가 따로 없다. 그는 자신을 '고양이의 아버지'로 소개하지만 사실 그 반대가 아니었을까? 프로이트라도 이렇게 분석했을 것 같다.

심지어 글뤽이 스스로를 고양이 살해자로 표현하는 장면도 있다. 고양이가 지겨울 때는 없느냐고 묻는 기자 앞에서 작가는 피로 물든 손을 닦고 있고, 바로 그 옆방에 카리스마 넘치는 우리의 주인공 르 샤Le Chat, 곧 고양이가 바닥에 쓰러진 모습이 보이는 것이다. 오스트리아 정신분석학자의 '부친 살해'가 절로 떠오르는 대목이다.

그럼에도 살찐 고양이는 바라보는 것만으로도 절로 미소 짓게 하는 존재다. 펑퍼짐한 고양이는 부러울 만큼 행복해 보이는데, 어쩌면 아직 덜 깨어난 '애니멀 붓다'라고도 할 수 있다. '아직 덜 깨어났다'고 하는 이유는 가필드처럼 수면욕을 실컷 채운 고양이라 해도 여전히 졸린 표정에 대개는 나른해 보이기 때문이다. 그런데도 이보다 더 압도적일 수가 없다. 가필드가 등장하기만 해도 다들 얼음이 된다. 오늘날 서구 사회에서 탐탁잖게 여기는 비만이 이 캐릭터한테는 도리어 성공의 보증수표가 되었는데, 고양이의 과체중은 금기가 아니란 말이다.

〈왕자의 특권Le Fait du prince〉에서 아멜리 노통브는 살찐 고양이야말로 모든 욕구가 채워진 인간의 표상이라고 한다. 이 소설에서 작가는 별 볼 일 없는 한 인물의 인생을 그린다. 바티스트 보르다브의 삶은 지리멸렬함 그 자체다. 그러던 어느 날, 모르는 사람이 그의 집에 와서 전화 한 통만 쓰겠다는 말을 하고는 그 자리에서 쓰러져버린다. 순식간에 벌어진 일에 그는 당황하지만, 신고를 하는 대신 낯선 이의 신원을 취해 그 사람 행세를 하기로 결정한다.

올라프 질더가 된 그를 기다리는 것은 근사한 저택과 미모의 여인. 이름을 물어봐도 알려주지 않는 이 여인을 그는 '지그리드'라고 부르기로 한다. 이렇게 아리따운 그녀와 함께 값비싼 요리와 최고급 샴페인을 즐기던 중에 '비스퀴Biscuit'라는 이름의 뚱뚱한 고양이가 불쑥 나타난다. 그냥 지나가는 '동물 1'이 아니라 새로운 올라프와 지그리드 사이에 끼어든 침입자처럼 말이다.

이 훼방꾼은 운명이 보낸 존재일까? "하늘이 도왔다. 비대한 고양이가 부루퉁한 표정으로 여주인을 향해 느릿느릿 다가오고 있었다"라고 화자는 말한다. 고양이는 저택에 흐르는 완벽한 평온을 깨뜨린다. 독자는 이 장소의 진짜 주인이 원래 올라프 질더도 아니고, 새로운 올라프로 아니며, 심지어 지그리드도 아니라는 사실을 알게 된다. 보스는 비스퀴다.

태초의 모든 신처럼 이 고양이는 변덕이 죽 끓듯 하고, 여전히 배가 고프다. 이 둘은 서로 이어지는데, 고양이의 요구는 위장의 크기에 비례하기 때문이다. 여기서 독자는 비스퀴가 "오만방자한 데다 가정부한테 무슨 일을 해야 하는지까지 시시콜콜하게 알려줘야 한다는 게 여간 불쾌하지 않다"는 걸 알 수 있다.

그리고 고양이의 숨겨진 과거사도 발견하게 된다.

○ 옮긴이 주: 프랑스어로 '비스킷'이라는 뜻이다.

두 해 전만 해도 "피골이 상접하고 잔뜩 겁에 질린" 새끼 고양이였지만 저택의 안주인이 거둬준 이후로 몰라 보게 살이 찌고 기고만장해졌다는 사연이다. 차마 눈 뜨고 볼 수 없을 만큼 딱한 짐승이 네로 황제 맞먹는 포악한 군주로, 무엇이든 제 뜻대로 하지 않고는 못 배기는 하느님 버금가는 존재로 탈바꿈한 것이다.

이 같은 완벽한 묘생역전猫生逆轉이 가능하게 된 것은 당연히 고양이의 수득기인 유연성 덕분이다. 주인공은 비스퀴가 자신을 밀쳐낸다는 느낌을 받는다. 그는 비스퀴의 거만한 태도와 눈빛에서 '외부자 혐오증'을 읽어내는데, 폭군이 된 이 동물은 낯선 사람을 꺼리고 불청객을 질색하며 대놓고 적대감을 드러내기 때문이다. 누군가가 성가시게 할 때 지배적인 성향을 지닌 이들이 흔히 보이는 반응이 멸시다. 소설에서도 비대한 고양이 비스퀴는 "역겹다는 시선으로 빤히 바라보고 있었다"고 묘사한다.

뱃살이야말로 힘의 원천인 이 동물은 결국 욕구가

채워진 인간의 반영이라고 볼 수 있다. 인간이 꿈꾸는 천국 같은 삶은 온종일 먹고 마시고 빈둥거리는 것으로—고양이의 일과이기도 하다— 종국에는 뚱냥이를 닮기 마련이다. 올라프는 이 집에서 쭉 지내면 자기도 그렇게 될 것 같았다.

하지만 그것이야말로 그가 바라 마지않는 삶이었는데, 좋은 사람 곁에서 속 편하게 지내며 살도 좀 찌는 것만 한 행복이 또 없기 때문이었다. 비스퀴의 모습이야말로 올라프가 꿈꾸는 미래였고, 그렇기에 이 비만 고양이처럼, 아니 그 자신이 아예 한 마리 고양이가 되어 저택에 눌러앉고 싶은 마음이 굴뚝같았다. 사실 아무 걱정 근심 없이 태평하게 사는 삶이야말로 당신과 나, 우리 모두의 로망이 아니던가!

여기저기 돌아다닐 필요 없이 한곳에 머물러 사는 삶, 돌부처처럼 한자리에 가만히 앉아 있기만 하면 되는 삶, 누구나 부러워하고 살찌는 것 말고는 아무것도 할 게 없는 삶. 올라프와 지그리드의 삶은 한마디로 평온 그 자체였다. 아니, 그렇게 될 뻔했다. 저택 주인들의 목숨을 노리는 청부 살해 업자 무리만 없었더라면 말이다. 이처럼 〈왕자의 특권〉은 무기력에 대한 찬가이고 비대한 고양이는 이 같은 무더짐의 상징이지만, 무감각의 폐해에 대한 경고도 잊지 않는다.

물론 살찐 고양이는 힘의 상징이기도 하다. E. T. A. 호프만의 〈수고양이 무어의 인생관Lebens-Ansichten des Katers Murr〉에서 고양이 화자는 길을 가다 한 덩치 하는 패거리를 만난 날, 이를 곧바로 알아차린다. "내가 뭘 하든 썩은 표정을 짓고 툭하면 윽박지르던 뚱뚱한 고양이가 거기 있었다. 앞에 있는 커다란 고깃덩이를 당장이라도 집어삼킬 기세였다. 하지만 이번에는 나도 가만히 있을 수 없었다. 체면 따위는 다 내팽개치고 뚱보 녀석의 코앞에서 냉큼 낚아채려고 했다. 그런데 이게 웬일인가! 발을 뻗기도 전에 그 자식이 내 뺨을 냅다 갈기는 게 아닌가! 내 눈앞에서는 번갯불이 번쩍번쩍하고, 두 귀에서는 시뻘건 피가 주르륵 흘러내렸다." 드럼통만 한 고양이 앞에서는 찍소리도 하지 말고 잠자코 있으란 소리다.

살찐 고양이 하면 생각나는 또 캐릭터가 있다. 수많은 어린이의 애간장을 태운 인물로, 디즈니 영화 〈신데렐라Cinderella〉에 나오는 심술궂은 고양이다. 무도회에 가려고 하는 신데렐라에게 계모는 집안일을 잔뜩 시킨다. 게다가 고양이가 우유 그릇을 비우는 것까지 다 보고 가라고 한다. 신데렐라는 고양이한테 그릇을 주고, 쉴 새 없이 부지런하게 움직인다. 그렇게 해서 일당을 두둑하게 받지 않고서는 그 어떤 파출부라도 마다할 산더미 같은 양을 거뜬히 해치운다. 이제 고양이만 남았다.

하지만 약아빠진 고양이는 앞발을 그릇에 살짝 담갔다가 발끝에서 떨어지는 우유 방울을 홀짝거릴 뿐이다. 마치 연회를 즐기는 고대 로마 귀족이라도 된 양 팔꿈치로 바닥에 괴고 모로 누워 느릿느릿 음료를 즐기는 것이다. 그러면서 약 올리기라도 하는 듯 신데렐라를 힐끔힐끔 쳐다보는 것도 잊지 않는다. 마침내 그릇은 바닥을 보였지만, 무도회에 가기에는 이미 너무 늦었다. 그렇다면 이 통통한 고양이는 애초에 심보가 비뚤어진 동물이었을까? 적어도 월트 디즈니의 생각은 그런 것 같다.

전통적으로 살찐 고양이는 고관대작으로 여겨졌다. 동서양을 불문하고 몸집이 큰 고양이는 권력자를 표상한다. 라퐁텐의 〈고양이와 족제비, 작은 토끼〉에 나오는 "모피 코트를 입으신 나리"가 그 전형적 예다. 한데 이 같은 관념은 아시아에서도 다르지 않다. 고양이라는 캐릭터는 생각보다 복합적인 성격을 띠지만, 거구의 고양이가 나타나면 임금 앞에 불려 나가기라도 한 것처럼 저도 모르게 움츠러드는 것이다.

나쓰메 소세키의 철학자 고양이도 다르지 않다. 〈나는 고양이로소이다〉의 화자는 길을 가다 비대한 고양이를 만나면 눈길을 떼지 못하고, "그 앞에 있으면 그저 신기하고 어안이 벙벙할 따름"이라고 고백한다. 고양이의 두둑한 살집은 배불리 먹었다는 것, 고로 부르주아 집안에서 키우는 고양이라는 사실을 나타낸다.

그런데 특기할 만한 점은 이 뚱보 고양이가 입이 제

법 험하다는 것이다. 살찐 고양이의 거칠고 상스러운 말투에 화자는 당혹감을 감추지 못한다. 배울 만큼 배우고 한자리하는 분들의 교양 있고 점잖은 말씨와는 거리가 멀어도 한참 멀기 때문이다. 어찌 보면 이 우두머리 고양이는 한낱 사기꾼에 지나지 않고, 귀족이 못 돼서 안달 난 부르주아보다 훨씬 더 비열한 작자다. 한껏 거드름을 피우고 있지만 알고 보면 쥐뿔도 없는 미천한 놈이고, 설상가상으로 보기 드물 만큼 아둔하기까지 하다.

이처럼 소세키는 제 나라 권문세족에 버럭 호통이라도 치고 싶은 눈치지만 차마 그렇게는 못 하고 은근슬쩍 시비를 거는 편을 택하는데, 속된 말로 직접 맞짱을 뜨기보다는 고양잇과 동물처럼 이런저런 꾀를 부리면서, 다시 말해 고양이 탈을 쓰고서 살살 건드리는 것이다.

한데 고양이 가면으로 말하자면 베네치아 카니발에서 쓰는 마스크를 빼놓을 수가 없다. 흰색이나 빨간색, 검은색 바탕에 황금빛 무늬로 장식한 이 가면은 그것이 담고 있는 존재만큼이나 기묘한 매혹을 지니는데, 바로 도무지 종잡을 수 없는 동물, 품에서 늘 빠져나가고 그 자신이 허락해야만 겨우 붙잡혀주는 동물, 바로 고양이의 얼굴을 표상하기 때문이다.

다시 고양이 탈을 쓴 우리의 철학자에게 돌아와 보자. 권세가 등등한 세도가들을 조롱하고 싶은 이 자유로운 정신의 소유자는 이 같은 고양이 변장에 도움을 청한다. 뚱뚱한 고양이 뒤에 권력자가 숨어 있다면, 〈나는 고양이로소이다〉의 화자 뒤에는 누가 있는 걸까? 당연히 무엄하기 짝이 없는 소세키다.

권력의 극치는 망자들의 왕국을 지배하고 산 자들의 정신세계에 군림하는 것이다. 사람처럼 옷을 입고 사람처럼 체스를 두는 거구의 까만 고양이, 신의 왕국과 겨루는 지하 세계에서 갓 나온 듯한 시커먼 피조물을 상상해 보라. 거대한 몸집만으로도 좌중을 압도하고 행동거지 하나하나가 인간과 쏙 빼닮은 고양이, 사악하고 음침한 기운을 내뿜는 고양이가 당신 눈앞에 있다고 말이다.

미하일 불가코프의 〈거장과 마르가리타Мастер и М

аргарита〉에 등장하는 악마의 심복 베헤모트°가 바로 그런 존재다. 이 소설은 1928년에서 1940년 사이에 집필된 러시아문학의 걸작으로, 작가가 세상을 떠난 뒤에야 마지막까지 끊임없이 고치고 매만진 원고가 출간되었다(판본이 네 개나 존재한다!). 그야말로 불가코프의 진을 빼놓은 책이다.

하지만 스탈린 사회에서 벌어진 선과 악의 투쟁을 이보다 더 치밀하게 그린 작품도 없다. 이 소설은 환상 속으로 밑도 끝도 없이 빠져드는데, 과연 신비주의 거장의 작품답게 살벌한 분위기가 감도는 가운데 모든 것이 극단으로 치닫고 듣도 보도 못한 사건들이 꼬리에 꼬리를 물고 일어난다. 배경 또한 예수 시대의 예루살렘에서부터 무신론이 팽배하고 상상력에 족쇄를 채운 공산 독재 치하의 모스크바까지 시공을 자유롭게 넘나든다.

° 옮긴이 주: 히브리어로 '큰 짐승'이라는 뜻으로, 구약성서의 욥기에 등장하는 동물이다. 하마와 코뿔소를 닮고 풀을 먹는 짐승으로 묘사된다. '베헤못' '브헤못' '베헤모스' 등으로도 표기된다.

환상 속 존재들이 등장하는 것은 바로 신을 부인하고 주민들의 자유를 짓밟는 이 같은 러시아의 한복판이다. 마법사(정확하게는 마술사 복장을 한 사탄) 볼란드와 그의 오른팔 베헤모트, 자객 아자젤로, 마녀 헬라로 이루어진 이들 패거리는 스탈린 체제의 관료와 지식인들을 괴롭히는 게 주 취미다. 성격은 다르지만 스탠리 큐브릭의 〈시계태엽 오렌지 A Clockwork Orange〉에서 런던 시민들을 공포에 떨게 하는 홀리건들을 연상시키는 무리다.

그중에서도 반인반묘半人半猫 형상의 베헤모트는 덩치가 크고 난폭한 인물로, 사람이 하는 건 다 할 줄 알고 사람이 하는 말도 다 알아들으며 뒷발로 서서 걷기까지 하지만, 입을 벌리면 나오는 건 야옹 소리뿐이고 겉보기에도 영락없는 고양이다.

작가는 베헤모트가 등장하는 장면을 다음과 같이 묘사한다. "길동무는 셋으로 늘었는데, 새끼 돼지만큼 살이 찌고 까마귀, 아니 숯덩이처럼 새까만 데다 기병대장같이 괴상한 수염이 난 고양이가 난데없이 튀어나왔다." 악마의 분신일까? 아니면 '파리 대왕'°, 그러니까 성경에 나오는 바알세불(바알즈붑)∞의 현신現身일까? 마녀와 검은 고양이처럼 중세시대의 무시무시한 두려움을 상징하는 그 바알세불 말이다.∞

세상에 불화의 씨를 뿌리러 온 이 고양이, 육중한 몸집으로 강압적인 권력을 나타내는 듯한 이 고양이는 보면 볼수록 신기한데, 뚱뚱하면서도 더할 나위 없이 유연하기 때문이다. 거리의 무법자 노릇도 힘과 민첩성이 어지간히 받쳐줘야 가능한 것이다.

"이반은 다시 고양이를 바라보았다. 이 요상한 동물은 정거장에서 A 전차에 달린 발판으로 껑충 뛰어올라서는 앉아 있던 여자를 홱 밀치고 냉큼 자리를 차지해 버렸다. 소스라치게 놀란 여자의 입에서는 날카로운 비명이 튀어 나왔다. 난간을 붙잡고 앉은 고양이는 창틈으로 앞발을 쑥 내밀었다. 날이 더워서 창문을 열어놓은 모양이었다. 그렇게 고양이는 안내양 아가씨 손에 십 코펙짜리 동전을 쥐어주기까지 했다." 마법사 볼란드의 모습으로 현현한 악마와 마찬가지로 베헤모트 역시 자유자재로 마술을 부리고 위력을 행사하면서 환상과 공포를 불러일으킨다.

영웅이든 악당이든 덩치로는 어디 가도 빠지지 않

---

o 옮긴이 주: 윌리엄 골딩이 1954년에 발표한 장편소설의 제목으로 유명한데, 무인도에 고립되어 야만 상태로 돌아간 소년들의 모험을 통해 인간 내면에 잠재된 힘과 권력에 대한 욕망을 우화적으로 그린 작품이나. 소설에서 '파리 대왕Lord of the Flies'은 괴물에게 제물로 바친 돼지머리에 파리 떼가 들끓는 모습을 보고 붙인 이름이다.

∞ 옮긴이 주: 바알즈불Ba'al Zebul(베엘제불)은 원래 '높은 거처의 주인'이라는 뜻이지만, 바알 신앙을 적대시하던 유대인들은 이 같은 호칭이 솔로몬 왕을 연상시킨다는 이유로 '파리'를 의미하는 '즈붑zebûb'을 붙여 '파리들의 주인'이라는 뜻의 '바알즈붑Ba'al Zebûb(베엘제붑)'으로 바꾸어 불렀다. 신약성서에서 바알즈붑은 '마귀들의 두목', 곧 사탄과 동일시된다. 라틴어와 히브리어식 표기, 영어와 프랑스어 음역 등이 혼재하는 가운데 본문에서는 한국어 성경에서 주로 사용되고 가장 널리 알려진 '바알세불'로 표기했다.

∞ 옮긴이 주: 중세시대에 바알세불은 가톨릭과 정교회의 '칠죄종七罪宗(septem peccata capitales)', 즉 '7대 죄악' 중에서 식탐, 폭식, 탐욕을 뜻하는 '굴라gula'를 상징하는 악마였다.

는 고양이들의 공통점이 바로 이것이다. 먹고사는 일에만 전전긍긍하는 대신 주어진 상황을 즐기고 어디서나 존재감을 뿜어내는 신나고 짜릿한 삶. 이들의 비대한 몸집이야말로 절대성의 표시다. 일본인들이 스모 선수에게 무한 존경과 감탄을 바치듯 나라와 문명에 상관없이 살찐 고양이도 이 같은 찬사를 한 몸에 받는다.

이전에는 왕족의 표상이었지만 날씬함만을 용인하는 오늘날 서구 선진국에서 마뜩잖게 바라보는 과체중은 고양이에 한해서만은 여전히 느긋함과 여유로움의 표시로 받아들여진다. 몇 세기가 지나면서 이 같은 권력의 상징이 인간으로부터 고양이에게로 넘어온 걸까? 우리의 왕들이 쓰고 있던 왕관이 이제는 고양이의 머리 위에 얹혀 있다.

신

"인간과 고양이를 섞어놓을 수 있다면

인간의 수준은 높아지겠지만

고양이의 수준은 낮아질 것이다."

마크 트웨인

불가코프가 묘사한 스탈린 체제의 지옥 같은 러시아 사회에서 고양이는 조물주나 다름없는 능력을 지닌 존재다. 이 동물은 보이지 않는 두 왕국, 즉 악마의 왕국과 창조자의 왕국 어디든 제집같이 편하고 이쪽과 저쪽을 자유롭게 넘나든다. 그렇다면 신성의 특징은 무엇일까? 무소부재無所不在와 전지전능함, 비가시성, 영원과 사랑 등으로, 모든 종교가 어느 정도 공유하는 본질이다. 그런 의미에서 쥐도 새도 모르게 움직이고 감쪽같이 사라지며 지구 어디든 없는 곳이 없는 고양이야말로 신과 같은 속성을 지닌다고 할 만하다.

그러니 고대 이집트에서 바스테트를 숭배한 것처럼 오늘날 우리도 이 동물을 받들어 모셔야 하는 걸까? 음악과 가정의 기쁨, 다산과 모성의 여신인 바스테트는 얼핏 보면 고양이 같지만 이집트인들이 선호하는 복합적인 양식으로, 다시 말해 여자의 몸에 암고양이의 머리를 결합한 형상으로 표현되었다. 어떤 의식을 올리느냐에 따라 특정 신의 중요성을 판단할 수 있다면, 바스테트는 분명 신자들의 열광을 불러일으킨 신이었다. 일부 지역에서 이 여신에게 바친 숱한 봉헌물이 발견되었는데, 특히 동물 무덤을 발굴할 때 고양이 미라가 쏟아져 나왔기 때문이다.

이집트 전역으로 신앙이 확장되기 전에 바스테트는 '부바스티스'라는 지역(나일강 삼각주에 있는 현재의 텔 바스타)의 신이었다. '역사의 아버지'라고 불리는 헤로도토스는 이집트인들이 이 여신에게 바친 대축제에 대해 묘사했다. 기원전 850년에서 30년까지 이 축제는 이집트 달력의 주요 일정으로, 부바스티스 성은 신전의 화강암 벽에 새긴 여신의 초상 앞에 절하러 오는 순례자들로 인산인해를 이루었다. 칠십만 명에 달하는 다양한 계층의 신자들이 이곳에서 마음껏 노래하고 춤추며 술에 취했다.

고대 그리스 역사가의 글을 인용해 보자. "남자와 여자가 같이 배를 타고 온다. 배마다 사람이 가득하다. 오는 길에 여자들은 크로탈레스°로 장단을 맞추며 음악을 연주한다. 어떤 사내들은 피리를 불고, 다른 이들은 손뼉 치면서 노래를 부른다. 강 연안에 이르러 성이 보이면 배를 끌어온다. 앞에서 말한 것처럼 몇몇 여인들은 줄곧 장단을 맞추고, 다른 여인들은 치맛자락을 펄럭거리며 춤을 춘다. 그러면서 성안 여자들을 향해 도발하는 말을 던진다. 성에 도착한 이들은 번제燔祭를 올리고, 이때 한 해 동안 마시는 것보다 더 많은 양의 술을 마신다." 이어서 우리의 관심을 끄는 글귀가 나오는데, "부바스티스로 가져온 고양이 시신은 방부제로 처리해서 유골 단지에 넣는다"는 것이다.

바스테트는 두 얼굴의 여신이었다. 여러 개의 유방이 달린 모습으로 종종 묘사되는 이 다산의 여신은—보들레르가 찬미하는 고양이의 저 "비옥한 허리"를 떠올려 보라— 호의적이고 보호하는 면과 가혹하고 위협적

о   옮긴이 주: 단수로는 '크로탈crotal', 복수로는 '크로탈레스crotales'라고 하며, 나무로 된 작은 원반 두 개의 끝을 가는 끈으로 묶어 손에 쥐고 연주하는 악기다. 오늘날의 캐스터네츠와 비슷하다.

인 면을 동시에 지니고 있었다. 원래 이 여신은 태양신 라Ra(또는 레Re)의 딸로, 불경한 인간들을 보고 분을 못 이긴 나머지 난폭한 사자로 변해 이들을 모조리 잡아먹었는데, 이를 알게 된 아버지가 딸을 불러들여 그보다 얌전한 버전, 즉 암고양이로 만들었다는 것이다.

하지만 이집트인들의 상상 속에 바스테트는 여전히 전사로 남아 있었다. 태양신의 배는 날마다 망자들을 저승으로 데려갔고, 이 배를 공격하는 '아포피스'라는 뱀의 머리를 베는 것이 바스테트의 임무였다. 이 끔찍한 독사의 머리는 아무리 잘려도 새로 돋아나 다음날 또 베어야 했기 때문이다. 이 여전사는 그리스로 건너가서는 화살통을 멘 용감하고 야성적인 아르테미스가 되고, 로마에 이르러서는 달과 사냥의 여신 다이아나가 된다.

고대 그리스와 로마에서도 고양이가 지닌 신성의 흔적을 볼 수 있다. 이미 아는 독자들도 있겠지만, 고양이는 새끼를 잡아먹기도 한다(암고양이마저도 그렇다!). 이는 자연적인 현상으로, 후대에 멸종을 초래할 만큼은 아니다. 한데 그리스 신화에도 비슷한 이야기가 전해온다.

    자녀 중 한 명으로 인해 왕위를 잃게 되리라는 사실을 알게 된 크로노스는 자식들이 태어나는 족족 잡아먹는다. 하지만 그의 아내 레아는 포대로 싼 돌덩이를 남편에게 건네주면서 여섯째 아이를 몰래 빼돌리는 데 성공한다. 아버지의 눈을 피해 자라난 제우스는 성년이 되자 크로노스를 압박해서 뱃속에 삼킨 자식들을 되살아나게 한다. 그런 다음 형제들을 규합하여 권력을 향한 투쟁, 즉 '티타노마키아Titanomachia'를 시작한다. 이 전쟁에서 제우스는 아버지에 맞서 승리를 거두고 우주의 지배자로 등극한다.

    이 같은 공통의 운명은 E. T. A. 호프만의 소설 〈수고양이 무어의 인생관〉에서도 언급된다. "오오, 어머니라는 존재는 얼마나 위대한가! 이런 습성을 너무 헐뜯지는 마시라. 세상에서 가장 문명화된 민족도 신들의 종족에게 제 자식을 잡아먹으려는 기이한 욕구가 있다고 여겼으나 주피터라는 신만이 나와 마찬가지로 그 위기를 모면할 수 있었다!"라는 대목이 나오는 것이다.

이렇게까지 고양이를 떠받든 까닭은 이 동물이 신성을 지닌다고 여겼기 때문일까? 앞에서 본 것처럼 이집트 신화와 그리스 로마 신화는 이 같은 해석을 부정하지 않는다. 그렇다면 유일신교에서는 이 주제를 어떻게 다루는지 살펴보자.

다들 알다시피 신은 우리 눈에 보이지 않는다. 신은 형상이 아닌 말씀으로 나타난다. 워낙에 말수가 적으시지만, 결정적인 순간에는 한 말씀을 하신다. 구약성서에서 하느님은 모세에게 십계명을 전해준다. 신약성서에서는 기나긴 침묵에서 벗어나 예수 그리스도와 대화를 나누고, 우리로서는 무슨 말씀을 하는지 알 길이 없어도 당신의 아들이 십자가에 못 박힐 때 천둥소리로 인간들에게 뜻을 전한다. 코란에서도 알라의 말씀은 대천사 가브리엘을 통해 마호메트에게 드러난다. 신을 본 자는 아무도 없었다. 음성을 들려준다 해도 산 자들에게는 여전히 보이지 않는 존재다.

성경에서 고양이를 본 사람도 없었다. 성서에는 숱한 동물이 나오고, 심지어 이 경전의 기원으로 추정되는 지역이 고양잇과 동물이 최초로 출현했다고 알려진 지역 중 한 곳과 겹치는데도 말이다. 오만 짐승이 다 나오는 구약에서 고양이는 희한하게 언급조차 되지 않는다. 어쩌다 빠트린 걸까, 아니면 무슨 이유라도 있는 걸까? 모든 존재가 눈에 보이는 풍경에서 홀로 부재한다는 사실이야말로 고양이와 "하늘에 계신 우리 아버지"가 공유하는 특성이다.

루이스 캐럴은 〈이상한 나라의 앨리스Alice's Adventures in Wonderland〉(1865)에서 체스터 백작의 고양이 체셔 캣Chesire Cat이 지닌 비가시성을 보여준다. 이 기묘한 고양이는 앨리스에게 알쏭달쏭한 질문을 던지는데, 얼핏 들으면 생뚱맞기 짝이 없지만 언어학적으로 매우 흥미로운 명제들이다. 고양이의 수수께끼 같은 말장난에 앨리스는 그저 얼떨떨할 뿐인데, 놀라움은 거기서 끝이 아니다. 바로 눈앞에 있던 체셔 캣이 홀연히 자취를 감춘 것이다.

앨리스의 눈에는 자신에게 말하는 고양이가 보이는 만큼 그 존재만큼은 의심의 여지가 없지만, 이 동물은 시야에서 사라지겠다고 마음먹으면 감쪽같이 없어지고, 제가 원할 때 언제라도 다시 나타난다. 사라질 때도 특유의 오묘한 미소를 허공에 남긴다. 이를 본 앨리스는 "맙소사! 웃지 않는 고양이는 종종 봤어도 고양이 없는 미소라니! 이렇게 신기한 광경은 난생처음이야!"라고 소리친다.

체셔 캣은 저 유명한 크로케° 시합에서 다시 나온다. 편집증 환자는 저리 가라 할 만큼 극성맞은 하트 여왕은 조금만 수가 틀려도 저놈의 목을 당장 베어버리라고 소리치고, 그때마다 카드 병정들이 무대에 줄지어 등장한다. 하지만 체스터 백작의 고양이는 '성령이 임하듯' 허공에 머리만 둥실 떠오를 뿐이다.

그러고는 앨리스를 향해 예의 그 아리송한 미소를 짓는다. 모세나 예수, 마호메트가 신의 말씀을 듣기 위해 선택된 것처럼 앨리스는 고양이의 유일한 대화 상대다. 왕과 여왕은 고양이의 목을 자르라고 명령하나 형리는 몸뚱이가 없는 머리를 어떻게 베어야 할지 몰라 난감할 따름이다. 어안이 벙벙한 일동을 남겨둔 채 체셔 캣은 또다시 사라진다.

모든 고양이가 보이지 않는 존재라고 선언하려는 게 아니다. 다들 알다시피 고양이는 고양이일 뿐이다. 하지만 고양이가 얼마나 섬세하고 조심스러운 동물인지, 부스럭 소리조차 내지 않아 거기 있다는 것마저 까먹기 일쑤라는 사실에 주목할 필요가 있다. 보이지 않는 신의 존재를 잊듯이 말이다. 걸음을 공기처럼 가볍게 만들어주는 폭신폭신한 젤리 발바닥 덕분에 카투스의 움직임은 고요하기만 하다. 깃털 같고 눈송이 같은 고양이의 존재는 우리의 지각으로 여간해서 감지되지 않는다.

○ 옮긴이 주: 지면에 철주문鐵柱門 아홉 개를 세우고 나무로 만든 공을 나무망치로 때려 두 철주 사이로 통과시킨 뒤, 다시 돌아와 속도를 겨루는 구기 종목이다. 흔히 '크로켓'이라고도 하지만, 프랑스에서 기원한 만큼 '크로케croquet'가 맞는 표기다. 게이트볼과 비슷하나 경기 규칙과 속도 등에서 차이가 있다.

이 같은 양상을 묘사하는 데는 소세키를 능가할 작가가 없다. "고양이의 발은 그의 존재를 잊게 만든다. 어디를 가든 고양이 발바닥이 우당탕거린다는 이야기는 들어본 적이 없다. 고양이는 공기를 밟거나 구름 위를 걷듯 조용히 이동한다. 고양이의 걸음은 잔잔한 수면에 던진 조약돌 소리처럼 사뿐하고, 깊은 동굴에서 울려 나오는 비파 소리처럼 은은하다."

고양이가 쭉 지켜보다가 졸졸 쫓아오는데 눈치를 못 채는 일도 부지기수다. 우리의 지각에서 자신을 지우는 조화를 부린 걸까? 태어날 때부터 이 동물의 몸에는 마법이 드리워진 걸 수도 있다.

다시 소세키를 인용해 보자. 〈나는 고양이로소이다〉의 화자는 이렇게 말한다. "두꺼비의 이마에는 밤이 되면 반짝이는 보석이 달려 있다고 한다. 내 꼬리는 조상 대대로 내려오는 마법에 싸여 있어 신들과 부처, 사랑과 죽음뿐 아니라 인간이라는 종 전체를 홀릴 수 있다."

유령처럼 말이 없는 고양이는 바람과 같이 어디든

간다. 모든 대륙에 분포하는 이 동물은 인간과 마찬가지로 지구 방방곡곡에 없는 곳이 없다. 고양이는 그 어떤 동물보다 문학과 음악 속에 깊이 파고든 존재로, 로시니의 〈고양이 이중창Duetto buffo di due gatti〉은 대표적인 예다. 고양이는 피카소처럼 이름만 들어도 누구나 아는 화가들의 그림에도 등장하고, 앞에서 보았듯 관용적인 표현에도 흔히 사용된다. 어디서나 쉽게 번식하고 곧바로 적응하는 이 동물의 능력이야말로 '계시지 않는 곳이 없는' 신의 편재성遍在性과 이어지는 속성이다.

한데 이 같은 재능은 또 다른 범상치 않은 위력과도 관련이 있다. 바로 시간의 흐름을 바꾸고 더 나아가 미래를 결정하는 능력으로, 이 또한 신의 특성이다. 증거를 찾으려면 이번에도 문학과 언어를 살펴볼 수밖에 없다.

프랑스에는 "고양이가 귀 뒤에 발을 갖다 대면 곧 비가 온다"라는 속담이 있다. 흔히 쓰는 이 표현은 우연의 산물일까, 아니면 카투스가 운명의 힘과 이어져 있다는 직관에 따른 것일까? 마르셀 에메의 《나무에 올라간 고양이 이야기 *Les Contes du chat perché*》(1934)에 그 답이 있을지도 모른다.

여러 편의 짧은 이야기로 이루어진 이 재미난 책의 주인공은 델핀과 마리네트라는 두 시골 소녀와 농장에 사는 동물들이다. "네 살부터 일흔다섯 살에 이르는 아이들"을 위해 쓴 이 책은 저자에 따르면 "사랑이나 돈과는 거리가 먼 꾸밈없는 이야기들"로, 20세기 초 프랑스 시골의 소박한 풍경과 일상에서 벌어지는 신비로운 현상들이 어우러져 있다.

여기서는 사람과 동물이 같은 언어로 말하는데, 서로 돕고 때로는 티격태격하기도 하면서 농장에서의 공동생활을 꾸려 간다. 그중에서도 고양이 알퐁스는 사육장 소속으로, 생쥐를 쫓는 일에 고용된 어엿한 일꾼이다. 하지만 게을러터지고 허구한 날 잠만 잔다고 농사꾼 부부한테 구박을 받는 처지다.

그러던 어느 날, 두 자매는 "부모님이 애지중지하는 백년이나 된" 도자기 접시를 깨트린다. 잔뜩 화가 난

농사꾼 부부는 다음 날 비가 오지 않으면 딸들을 친척 아주머니 집에 보내버리겠다고 한다. 멜리나 아주머니는 "폭삭 늙고 성질이 고약한 데다 이빨도 몽땅 빠지고 턱에 수염까지 숭숭 난" 노처녀다. 소녀들의 둘도 없는 친구인 알퐁스는 앞발에 침을 묻혀 귀 뒤를 문지르고 또 문질러서 며칠이고 계속 비가 쏟아지게 한다.

계획이 틀어진 데다 밭에도 못 나가게 된 농사꾼 부부는 고양이한테 분풀이를 한다. 나막신 신은 발로 걷어차이고 빗자루로 흠씬 얻어맞기까지 한 알퐁스는 "아무 이유도 없이 날 두들겨 팼잖아요. 고양이의 이름을 걸고 맹세하는데 둘 다 땅을 치고 후회할 거예요!"라며 씩씩거린다. 여기서 볼 수 있듯 고양이는 구약성서의 하느님처럼 뒤끝이 아주 오래가고, 자신의 전능함을 보여주기 위해 기어이 재앙을 일으키고 마는 존재다(괜히 흉년이 드는 게 아니다!).

결국 농사를 망친 부부는 알퐁스를 물에 빠뜨려 죽이려고 한다. 하지만 두 소녀와 농장 동물들이 기지를 발휘한 덕분에 위기를 모면한다. 그렇게 목숨을 건진 고양이는 농사꾼 부부의 의심을 피하기 위해 당분간 헛간에 숨어 지내며 밤마다 아이들의 방으로 놀러 간다.

이야기는 해피엔딩이다. 몇 주째 가뭄이 이어지자 농사꾼 부부는 알퐁스의 빈자리를 아쉬워한다. 그러던 어느 날 아침, 딸들의 방에서 잠든 고양이를 발견한다. 알퐁스는 아이들과 함께 멜리나 아주머니 집으로 떠나려고 하지만, 부부는 가지 말라고 사정한다. 알퐁스는 화를 풀고 이들의 사과를 받아들여 무려 이십오 일 만에 단비를 내리게 한다. 한편 멜리나 아주머니는 수염을 밀어 버리겠다는 반가운 결정을 내리고, 그 덕에 남편감까지 생겨 "소녀들의 집에서 몇백 리나 떨어진" 동네로 시집을 가게 되었다는 소식을 전해온다.

이처럼 다른 동물들의 도움을 받아 위험에서 빠져나오기는 해도 농장이라는 공간이 표상하는 시골의 '방주'에서 고양이는 가장 초자연적이고 신에 가까운 존재임을 알 수 있다. 장마가 지고 가뭄이 드는 것도 다 고양이 마음먹기에 달렸다.

고양이 애호가라면 모를 수가 없는 강렬한 경험이 있는데, 바로 눈빛 교환이다. 고양이의 눈은 매혹 그 자체다. 아몬드 모양에 색색의 영롱한 보석을 닮았고, 동공이 화등잔만 해졌다가 바늘처럼 가늘어지는 데다 시선은 더없이 날카롭고 유혹적이다. 고양이의 영리함을 측정하기는 쉽지 않고, 미심쩍어하는 이들도 있지만(고양이의 기억력이 개나 말에 못 미친다는 주장이다[o]), 그 누구도 고양이가 멍청한 동물이라고는 말하지 못한다.

그 이유는 무엇일까? 아마도 고양이의 눈빛이 지니는 힘 때문일 것이다. 고양이는 당신을 뚫어지게 바라보고, 당신은 고양이가 뭔가를 안다고 생각한다. 고양이는 당신에 대해 모르는 게 없고, 당신을 이해하며, 당신을

[o] 동물행동학자이자 샤르트뢰 고양이chartreux 브리더로, 고양이와 관련한 다수 저서를 쓴 니콜레타 마뇨의 홈페이지를 참조하기 바란다. http://wamiz.com/chats/guide/intelligence-du-chat-0520.html

꿰뚫어 볼뿐더러 다른 어떤 사람이나 동물보다 당신을 날카롭게 주시한다. 삼각형 속에 있는 신의 눈, 프리메이슨의 상징으로 쓰이는 저 유명한 "모든 것을 지켜보는 눈", 전시안全視眼처럼 말이다.

텔레파시와 다름없는 이 같은 기묘한 소통 방식으로 인해 우리는 고양이에게 전지성이 잠재되어 있다고 상상한다. 고양이가 전지성이라는 신의 속성까지 지닌다고 가정할 때, 이 능력을 단순한 지각이 아닌 다른 방식을 통해 분석할 수도 있을까? 거의 불가능하지 않을까 싶다.

따라서 우리는 우리 눈에 보이는 것을 그저 믿을 수밖에 없다. 우리가 지켜보고 우리를 지켜보는 고양이 앞에서 실제로 우리는 이 동물이 가장 자연스럽고 직관적인 방식으로 모든 것을 아는 능력, 즉 전지성을 지녔다고 믿는 경향이 있다. 물증은 없지만 심증은 있다는 소리다.

하지만 무엇보다도 앞에서 밝힌 것처럼 고양이 애호가는 사랑에 빠진 연인과 같다는 사실을 떠올려 볼 필요가 있다. 분명 동물계에서 일부 종은 다른 종보다 더 큰 호감과 애정의 대상이다. 개를 제외하고 고양이는 그 어떤 종보다 인간의 사랑을 많이 받는 동물일 텐데, 앞으로도 더욱 선호될 것으로 보인다.

아니, 변화는 이미 일어났다. 서양에 처음 들어왔을 때 고양이는 설치류 사냥에 사용되었다. 하지만 시간이 흘렀고, 더는 카투스에게 이 같은 용도를 요구하지 않는다. 이제 고양이는 반려동물, 다시 말해 자크 라캉의 표현에 따르면 "인간앓이를 하는 동물"이고, 사람이 돌보면서도 투자한 만큼 돌아오기를 (더는) 바라지 않는 특별한 존재로 여겨진다.

우리가 고양이를 곁에 두는 것은 이 동물이 주는 행복과 사랑 때문이다. 흔히 "냥이는 사랑"이라고 한다. 누가 여기에 의심을 품겠는가? 〈여행 가방 속의 고양이〉를 쓴 버로스라면 더더욱 그러지 않았을 것이다. 영화 〈네이키드 런치 Naked Lunch〉의 원작자로도 유명한 이 작가는 자신의 삶 속에 들어와 일상을 온통 차지해버린 네발 달린 털북숭이들에게 열렬한 사랑의 찬가를 바친다.

그는 자신이 만난 다정하고 매력적인 고양이들을 어린아이에도 빗대고 원숭이 같은 더 진화한 동물에도 비유한다. 이들은 거부할 수 없는 존재이고 사랑 그 자체로, 작가의 말마따나 "반은 고양이에 반은 사람"이기도 하다. 쓰다듬어 달라고 다가오는 고양이는 당신 앞에 식빵 굽는 자세로 웅크리고 앉는다. 그렇게 '골골송'을 들려주면서 당신의 손길에 자신을 온전히 내맡긴다.

물론 버로스는 이 모습만 보고 덮어놓고 믿지 않는데, 자기를 집에 데려가 편히 살게 해주기를 바라는 고양이가 이보다 더한 애정 표현도 할 수 있다는 걸 알기 때문이다. 그는 고양이의 애교에 익숙하고, 이 털 뭉치가 살갑게 굴면서 어떤 이익을 얻는지도 이미 파악하고 있다. 하지만 이 미국 작가는 고양이의 이런 면이 싫지 않은 눈치다. 고양이가 인간에게 주는 것은 오직 그 자신뿐이고, 자신을 주는 것 말고는 아무것도 하지 않는다는 사실 자체가 좋을 따름이다.

고양이는 바로 이 같은 신성의 논리로 먹이를 기다리고 받아들인다. 고양이는 그럴 권리가 있고 이를 요구하는데, 그 대가로 사랑을 주는 동물이어서다. 또 저자도 알아챈 것처럼 고양이가 가정에서 제자리를 잡았다고 느낄 때는 "당연히 애정 표시가 줄어드는" 걸 확인할 수 있다.

이런 의미에서 버로스는 자신의 고양이 러스키와의 첫 만남을 자세하게 묘사한다. "현관문은 열려 있었고, 나는 난로 옆 소파에 앉아 있었던 것 같다. 나를 본 그 녀석은 여태껏 그 어떤 고양이한테서도 들어본 적 없는 소리로 애옹거리며 이십 미터를 쏜살같이 달려왔다. 코를 킁킁대고 계속 가르랑대면서 내 얼굴에 앙증맞은 발을 착 갖다 댔는데, 내 고양이가 되고 싶다고 말하는 듯했다." 무릇 모든 위대한 사랑 이야기에서처럼 핵심은 상호 관계라기보다는 자기 발견이다.

고양이를 향한 이 아름다운 사랑 고백에 대해 어느 평론가는 다음과 같이 요약한다. "버로스는 고양이들과 만나면서 비로소 자기 자신과 대면하게 되었다"고(《하퍼스 바자 Harper's Bazaar》). 이처럼 사랑은 타자 안에서 자신을 인식하는 것이다.

한데 굳이 정신분석학까지 들먹이지 않더라도 고양이를 향한 버로스의 애정에서 먼저 세상을 떠난 아내 조앤 볼머에 대한 사랑의 전이를 볼 수가 있다. 1951년 9월, 멕시코 여행 중이던 그는 실수로 조앤을 쏘고 말았다. 윌리엄 텔을 따라 한다고 아내의 머리에 사과 대신에 유리컵을 올려놓았는데, 총알이 그만 빗나간 것이다.

의식적이든 그렇지 않든 동물에 대한 사랑이 인간을 향한 애정을 긍정적인 차원에서 대체한다고 여기는 이들도 있다. 동물을 향한 애정은 다른 어떤 사랑보다 이해관계와 무관하다는 점에서 사심 없는 사랑이다. 고양이는 산산조각이 나고 송두리째 무너져버린 버로스의 삶에서, 일종의 '파괴적 실험'이 되었다고밖에 볼 수 없는 그의 삶에서 유일하게 마음 붙일 곳이 되었을 것이다. 이런 관점에서 버로스는 고양이 신을 숭배하던 이집트인들의 신앙을 이해할 수밖에 없었을 테다. 신앙이 일종의 사랑이라면, 그는 바로 그것을 체험했기 때문이다.

고양이 애호가에게서 가장 사랑하는 동물을 빼앗으면 하늘이 무너진 듯한 절망을 느낀다. 함께 살던 고양이를 떠나보낸 사람은 자신의 반쪽을 잃은 이처럼 가슴이 미어지는 아픔을 겪는다. 고양이의 죽음은 깊은 상심을 불러일으키지만 우리는 이 같은 슬픔을 남들에게 숨길 때가 많은데, 행여 빈정대는 소리에 마음 상할까 봐 아무 내색하지 않는 편을 택하는 것이다.

고양이와 주고받은 사랑 덕분에 이제 역할이 바뀌어 고양이가 "사람앓이를 하는 동물"이 아니고, 애묘인, 그러니까 우리가 "냥이앓이를 하는 인간"이 되었다. 니체는 인간의 고독을 말하기 위해 "신은 죽었다"고 했다. 몰리에르의 〈아내들의 학교〉에서 아녜스는 처음으로 사랑에 빠졌을 때 이 같은 감정을 감추면서 "새끼고양이가 죽었어요"°라고 한다.

다른 이들이 신에 대한 질문을 제기한 것처럼 빛나

는 통찰을 지닌 시인 라이너 마리아 릴케는 고양이에 대한 물음을 던졌다. 릴케와 화가 발튀스가 뜻을 모은 가슴 뭉클한 공동 작업에 이 같은 질문이 나온다.

〈두이노의 비가Duineser Elegien〉로 널리 알려진 오스트리아의 시인은 발튀스의 그림책 〈미츄, 어느 고양이 이야기Mitsou, histoire d'un chat〉에 서문을 썼다. 미츄는 발튀스가 열 살 때 잃어버린 고양이의 이름이다. 먹으로 그린 스케치를 모아놓은 이 책은 1921년 취리히에서 초판이 나왔는데, 당시 발튀스는 겨우 열두 살이었다.

릴케가 쓴 글은 첫 문장부터 형이상학적이다. "누

○ 옮긴이 주: 〈아내들의 학교L'École des femmes〉의 줄거리는 다음과 같다. 귀족 아르놀프는 아녜스라는 어린아이를 데려와 바깥세상과 떼어놓고 키우는데, 정숙한 여성으로 만들어 훗날 자신의 아내로 삼기 위해서다. 하지만 그의 의도와는 달리 아녜스는 오라스라는 청년을 만나 진정한 사랑에 눈뜨게 된다. "새끼고양이가 죽었어요Le petit chat est mort"라는 말은 별일 없었느냐고 묻는 아르놀프를 향해 그녀가 한 대답이다. 이 대사는 아녜스의 무지와 순수함, 그리고 장차 발견하게 될 실제 세계를 대조시키는 역할을 한다. 이후 이 표현은 프랑스 연극인들에게 회자되었을 뿐 아니라 여러 문학작품과 대중음악에서 차용되었다.

가 고양이를 알까? 과연 당신은 그렇다고 할 수 있을까? 솔직히 말하면 내게 고양이의 존재는 늘 아슬아슬한 가정假定에 지나지 않았다"라고 시인은 말한다. 여기서 '고양이'라는 단어를 '신'으로 바꾸고픈 마음이 굴뚝같다.

이어지는 내용은 고양이의 행동에 대한 분석이다. 그에 따르면 이 동물은 중의적인 의미에서 포착하기가 만만찮은데, 다시 말해 잡힐 듯하면 어느새 쏙 빠져나가고, 알 것 같으면서도 그 속을 도저히 모르겠다는 것이다. 또 쓰다듬어 달라고 몸을 문댈 때는 언제고, 무슨 이유로 싫증이 났는지 휙 가버리기 일쑤다.

한데 정확하면서도 유려한 묘사 곳곳에는 진정으로 철학적인 질문, 그러니까 "정녕 인간이 고양이와 같은 시간에 존재한 적이 있을까?" 같은 질문이 숨어 있다. 이 같은 간극에 대한 사유는 릴케처럼 천재적인 시인이 아니고서는 불가능한 것이다.

그뿐만이 아니다. 시인은 인간 따위는 안중에도 없는 듯한 이 동물 특유의 태도를 콕 짚어 말하는데, 이웃

집 고양이를 관찰하며 "내가 있든 말든 아무 상관이 없다는 듯, 아니 심지어 나라는 사람이 아예 존재하지 않음을 주위의 얼빠진 사물들에게 증명하기라도 하려는 듯 내 몸을 넘어 폴짝 뛰어간다"고 묘사한다.

나중에 조르주 페렉이 가로채지 않았다면 '실종'°이라는 제목이 붙어도 썩 괜찮았을 이 그림책 이야기를 하며 릴케는 고양이의 '존재'와 '비존재'에 대해 묻는다. 사랑스럽고 매력적인 데다 엉뚱하기까지 한 고양이를 잃어버리고 슬픔에 겨운 꼬맹이 발튀스를 보면 애처롭다 못해 속이 상할 정도다.

이 그림책의 마지막 몇 페이지는 한밤중에 눈 덮인 길에서 고양이를 찾아다니며 혼자 울먹이는 아이를 보

° 옮긴이 주: 〈실종La Disparition〉은 프랑스의 소설가 조르주 페렉이 1969년에 발표한 '리포그램lipogram(특정한 글자를 배제하고 창작한 글)'으로, 300여 페이지에서 알파벳 'e'를 한 번도 쓰지 않은 것으로 유명하다. 이 책의 영역판도 'e'를 사용하지 않았고, 스페인어판은 'a', 러시아어판은 'o', 일본어판은 'い'를 제외한 번역이 이루어졌다.

여준다. 이 아이는 다름 아닌 화가 그 자신의 초상이다. 흰 여백과 검은 먹의 대비에서 더없는 슬픔과 외로움이 묻어난다.

그리고 바로 이 지점에서 시인은 그 자신이 발견한 진리를 탁월하게 요약한다. "발튀스도 이미 느꼈겠지만, 미츄는 더 이상 안 보이면서 진정으로 보이기 시작한 것"이라고. 원래부터 보이지 않는 그 무엇, 또는 더 이상 보이지 않게 된 그 무엇을 비로소 본다는 것은 신을 열망하는 신비주의자들이나 경험할 만한 현상으로, 바로 그런 일이 일어난 것이다.

따라서 릴케의 결론은 현상학적인 논리를 띤다. "이제는 마음 놓기 바란다. 내가 있다. 발튀스가 존재한다. 우리의 세상은 견고하다. 고양이는 없다"라고 시인은 말한다. 지고한 신이 존재하지 않기에 비로소 본연의 인간이 존재할 수 있다고 주장하는 무신론자들의 방식을 따라 시인은 인간 존재의 실재를 선언하고, 그 자신이 (유일한) 신으로 여기는 존재, 즉 '고양이'의 부재를 역설

한다. 바로 이런 식으로 유추를 통해 신의 존재나 고양이의 존재, 또는 둘 다의 존재를 되묻는 것이다. 이것이야말로 고양이가 신이라는 증거가 아니고 무엇이겠는가!

맺는 글

'고양이'라는 존재를 무슨 재주로 이해할 수 있을까? 이토록 다층적인 의미를 지닌 동물을 무슨 재간으로 파악할 수 있을까? 품에 안기가 무섭게 쏙 빠져나가고 도대체 종잡을 수가 없는 이 존재를 말이다.

고양이의 묘미妙味는 이 동물로 인해 우리 스스로를 관찰하게 된다는 것이다. 생김새는 사람과 다르지만, 고양이를 응시할 때 우리가 보는 것은 우리 자신, 그러니까 '환상 속의 자신'이다. 암컷과 수컷, 동물과 인간, 신의 경계를 자유롭게 넘나드는 듯한 고양이는 친근하면서도 낯선 존재다.

애매함은 고양이의 본질로, 이 동물은 모든 '모호성amphibolia'°에서 야기되는 특유의 혼돈을 불러일으킨다. 더구나 '애매함'을 뜻하는 프랑스어 단어 '앙비귀테ambiguïté'의 라틴어 어원은 고양이한테 딱 들어맞는데,

'암비제레ambigere'는 '주위를 돌다'라는 의미로, 사람한테 살금살금 다가가고, 믿을 만하다 싶으면 다리 사이를 뱅뱅 돌면서 몸을 비비는 이 동물의 태도를 완벽하게 보여주기 때문이다. 우리 삶 속에 들어온 고양이는 가깝고도 먼 존재로, 이 동물은 붙들어놓기도 쉽지 않고 무슨 생각을 하는지도 알 수가 없다. 릴케의 생각처럼 고양이를 안다는 건 불가능한 일일지도 모른다.

그렇다면 고양이는 말랑말랑한 젤리 발바닥으로 사뿐사뿐 걸어다니는 하나의 물음표일까? 거트루드 스타인식으로 말하자면 고양이에 대해 말할 수 있는 모든 것은 "고양이는 고양이가 고양이인 것"[∞]뿐이다. 무슨 말이 더 필요하겠는가!

---

[o] 옮긴이 주: 그리스어 '암피볼리아'는 한 문장이 두 가지 다른 의미를 지니고 그릇된 추론으로 이끌 수 있는 문법 구조를 가리키는 논리학 용어로, 칸트에 의해 철학적 개념으로도 사용되었다.

[∞] 옮긴이 주: 미국의 시인이자 소설가인 거트루드 스타인이 1913년에 쓴 시 〈신성한 에밀리Sacred Emily〉에 나오는 "장미는 장미가 장미인 것A rose is a rose is a rose"을 패러디한 표현이다.

비르지니 프랑수아에게 고마운 마음을 전하며.
그녀가 없었다면 이 책도 존재하지 않았을 것이기에.

이 책에 영감을 준 작품들

이 책에서 나는 고양이를 예찬한 모든 작가와 예술가에게 경의를 표하지 못했다. 고양이를 뮤즈로 삼은 이들을 빠짐없이 나열하려는 시도는 실제로 터무니없고, 더 나아가 불가능하기 때문이다. 따라서 피에르 로티와 알베르 코엔, 〈아리스토캣The Aristocats〉, 또 나보다 이 주제에 더 정통하지만 여기서는 언급되지 않은 수많은 이에게 양해를 구한다. 마지막으로 내 마음의 양식이 된 작품들을 쓰고 그리고 만들어준 작가와 만화가, 영화감독들에게 고마운 마음을 전한다.

작품 목록은 본문에 나온 순서에 따랐다.

E. T. A. 호프만, 《수고양이 무어의 인생관 *Le Chat Murr*》,
에디시옹 페뷔스, 파리, 1988.

T. S. 엘리엇, 《주머니쥐 할아버지가 들려주는 지혜로운 고양이 이야기 *Old Possum's Book of Cats*》, 페이버 앤드 페이버, 런던, 1939.

기 드 모파상, 〈고양이에 관하여 Sur les chats〉,
1886년 2월 9일자 일간지 《질 블라스 *Gil Blas*》에 게재된 글.

나쓰메 소세키, 《나는 고양이로소이다 *Je suis un chat*》,
갈리마르/유네스코, 파리, 1978.

콜레트, 《암고양이 *La Chatte*》, 그라세, 파리, 1933.

파스칼 키냐르, 《낙마한 자들 *Les Désarçonnés*》, 그라세, 파리, 2012.

재닛 윈터슨, 《평범하면 됐지 뭘 행복하려고까지 해 *Pourquoi être heureux quand on peut être normal?*》, 롤리비에, 파리, 2012.

라블레, 《팡타그뤼엘 *Pantagruel*》, 르 리브르 드 포슈, 파리, 1979.

라퐁텐, 《우화 *Fables*》, 르 리브르 드 포슈, 파리, 1996.

마틴 길버트, 《윈스턴 처칠, 1945~1965, 8권 "절망은 없다" *Winston Churchill, 1945~1965, Never Despair*》, 하이네만, 런던, 1988.

윌리엄 셰익스피어, 《로미오와 줄리엣 *Romeo and Juliet*》,
디 아든 셰익스피어, 런던, 1980.

보들레르, 《악의 꽃 *Les Fleurs du mal*》, 아티에 《작품 프로필》,
파리, 2005.

샤를 페로, 《장화 신은 고양이 *Le Chat botté*》, 그룬트, 파리, 2000.

파트릭 랑보, 《장화 신은 고양이 *Le Chat botté*》, 그라세, 파리, 2006.

자크 투르뇌르, 〈라 펠린La Féline(캣 피플Cat People)〉, 1943년 작 영화.

폴 베를렌, 《사투르누스의 시 *Poèmes saturniens*》,
갈리마르 《폴리오》, 파리, 2010

콜레트, 《파리의 고양이, 다른 짐승들 *Chats de Paris, Autres bêtes*》,
페스티발, 파리, 1966.

오노레 드 발자크, 《어느 영국 암고양이의 속앓이 *Peines de cœur d'une chatte anglaise*》, 가르니에-플라마리옹, 파리, 1999.

오노레 드 발자크, 《랑제 공작부인 *La Duchesse de Langeais*》,
르 리브르 드 포슈, 파리, 1998.

쥘 바르베 도레빌리, 〈진홍빛 커튼Le Rideau Cramoisi〉,
《악마 같은 여인들 *Les Diaboliques*》, 르 리브르 드 포슈, 파리, 1985.

조지 오웰, 《동물농장 *La Ferme des animaux*》,
갈리마르 《폴리오 플뤼스 클라시크》, 파리, 2007.

앙리 드 몽테를랑, 《독신자들 Les Célibataires》,
갈리마르 《폴리오》, 파리, 1972.

테네시 윌리엄스, 《뜨거운 양철 지붕 위의 고양이 Cat on a Hot Tin Roof》,
10/18, 파리, 2003.

리처드 브룩스, 〈뜨거운 양철 지붕 위의 고양이 La Chatte sur un toit brûlant〉, 1958년 작 영화.

테네시 윌리엄스, 〈저주 Malédiction〉, 《외팔이 복서 Le Boxeur manchot》,
로베르 라퐁 《파비용 포슈》, 파리, 2005.

《상징 백과사전 Encyclopédie des symboles》,
르 리브르 드 포슈 라 포쇼테크, 파리, 1998.

에드가 앨런 포, 《검은 고양이 Le Chat noir》, 리브리오, 파리, 2004.

피에르 그라니에 드페르, 〈고양이 Le Chat〉, 1971년 개봉 영화.

조르주 심농, 《고양이 Le Chat》, 르 리브르 드 포슈, 파리, 2007.

짐 데이비스, 《가필드 Garfield》, 다르고, 파리.

윌리엄 S. 버로스, 《여행 가방 속의 고양이 The Cat Inside》,
펭귄 클래식, 런던, 1986.

필립 글뤽, 《고양이 Le Chat》, 카스테르만, 파리.

아멜리 노통브, 《왕자의 특권 *Le Fait du prince*》, 알뱅 미셸, 파리, 2008.

월트 디즈니, 〈신데렐라 Cendrillon〉, 1950년 개봉 애니메이션 영화.

미하일 불가코프, 《거장과 마르가리타 *Le Maître et Marguerite*》, 로베르 라퐁 《파비용 포슈》, 파리, 2012.

루이스 캐롤, 《이상한 나라의 앨리스 *Alice au pays des merveilles*》, 갈리마르, 파리, 1994.

마르셀 에메, 《나무에 올라간 고양이 이야기 *Les Contes du chat perché*》, 갈리마르 《폴리오》, 파리, 2012
(국내 번역서 제목은 《능청맞은 고양이와 동물 농장》).

몰리에르, 《아내들의 학교 *L'École des femmes*》, 보르다스, 파리, 2003.

라이너 마리아 릴케, 발튀스, 《미츄, 어느 고양이 이야기 *Mitsou, histoire d'un chat*》, 리바쥬 포슈/프티트 비블리오테크, 파리, 2007
(국내 번역서 제목은 《미츄, 세상에서 가장 순수한 고양이 그림책》).

고양이 예찬

1판 1쇄 발행 2025년 9월 26일

지은이 스테파니 오세
옮긴이 이소영
발행인 신혜경
발행처 마음의숲

편집이사 권대웅
편집 조혜민
마케팅 오세미
디자인 장소희

출판등록 2006년 8월 1일(2006-0001595호)
주소 서울시 마포구 와우산로30길 36 마음의숲빌딩(창전동 6-32)
전화 (02) 322-3164~5 | 팩스 (02) 322-3166
이메일 maumsup@naver.com
인스타그램 @maumsup
용지 월드페이퍼(주) **인쇄** (주)교보피앤비

ISBN 979-11-6285-178-4 (03860)

*값은 뒤표지에 있습니다.
*저자와 출판사의 허락 없이 내용의 전부 또는 일부를 인용, 발췌하는 것을 금합니다.
*잘못 만들어진 책은 구입하신 곳에서 교환해드립니다.